우리 아이
— 처음 —
일기 쓰기

우리 아이 처음 일기 쓰기

초판 1쇄 인쇄 2022년 7월 20일
초판 1쇄 발행 2022년 7월 27일

지은이 송현지

발행인 장상진
발행처 (주)경향비피
등록번호 제2012-000228호
등록일자 2012년 7월 2일

주소 서울시 영등포구 양평동 2가 37-1번지 동아프라임밸리 507-508호
전화 1644-5613 | **팩스** 02) 304-5613

ⓒ송현지

ISBN 978-89-6952-513-0 73800

· 값은 표지에 있습니다.
· 파본은 구입하신 서점에서 바꿔드립니다.

어린이 제품 안전 특별법에 의한 표시
제품명 도서 **제조자명** 경향BP **제조국** 대한민국 **전화번호** 1644-5613
주소 서울시 영등포구 양평동 2가 37-1번지 동아프라임밸리 507-508호
제조년월일 2022년 7월 27일 **사용연령** 8세 이상
※ KC마크는 이 제품이 공통안전기준에 적합하였음을 의미합니다.

승규의 100일 일기

우리아이 처음 일기쓰기

송현지 지음

경향BP

들어가는 말

왜 초등학교 1학년 때 일기 쓰기를 배울까요? 아직 한글 쓰기도 완벽하지 않고, 자기 감정 표현도 서투른 1학년 때 말이죠. 곰곰이 관찰하고 따져 보니 일기 쓰기로 아이들이 저절로 한글 쓰기를 익힐뿐더러 감정 표현 또한 다양하고 솔직하게 할 수 있다는 것을 알게 되었습니다.

하지만 여전히 일기 쓰기는 아이들의 숙제이면서 엄마들의 숙제이지요.

'글쓰기의 첫 단추인 일기 쓰기를 아이들도, 엄마들도 즐겁고 행복하게 할 수 있다면 얼마나 좋을까?' 하는 생각을 많이 했습니다. 저도 승규와 함께 일기를 쓰며 정말 많은 것을 얻었거든요. 그건 그 어떤 반짝이는 보석보다 값지고 소중한 경험이었습니다.

이 책에서 아이들이 자기의 생각을 솔직하게, 재미있게, 쉽게 쓸 수 있는 방법을 알려 주려 합니다. 그러려면 엄마부터 마음을 다지고 생각 주머니 한편에 이 책의 내용을 조금 담아 보기를 부탁드립니다.

이 책의 주인공은 다름 아닌 제 아들 승규입니다. 승규가 여섯 살이던 2019년 11월 10일에 처음 일기 쓰기를 시작하여 하루도 빠지지 않고 100일 동안 일기를 썼습니다. 그때는 주변 사람들로부터 "꼭 그렇게 해야 해?"라는 말을 많이 들었습니다. 하지만 그때의 경험 덕분에 승규는 지금 누구보다 발랄하고 귀여운, 때로는 놀랍고도 빛나는 생각을 가진 아이로 자라고 있습니다.

보이지는 않지만 승규의 마음속에는 일기 쓰기로 시작한 아름다운 생각 주머니가 계속 자라고 있을 거라고 믿습니다. 그것이 언젠가 빛을 보길 바라며 저는 오늘도 승규와 일기를 씁니다. 쌓이고 쌓이면 보물이 되는 일기, 한번 써 보실래요?

재미 주는 송쌤

송현지

차례

들어가는 말 **5**

| 일기 쓰기의 준비 **7** | 욕심 버리기 **11** | 감정 주머니 채우기 **12** | 일기의 글감 찾기 **13** |

승규의 100일 일기 **14**

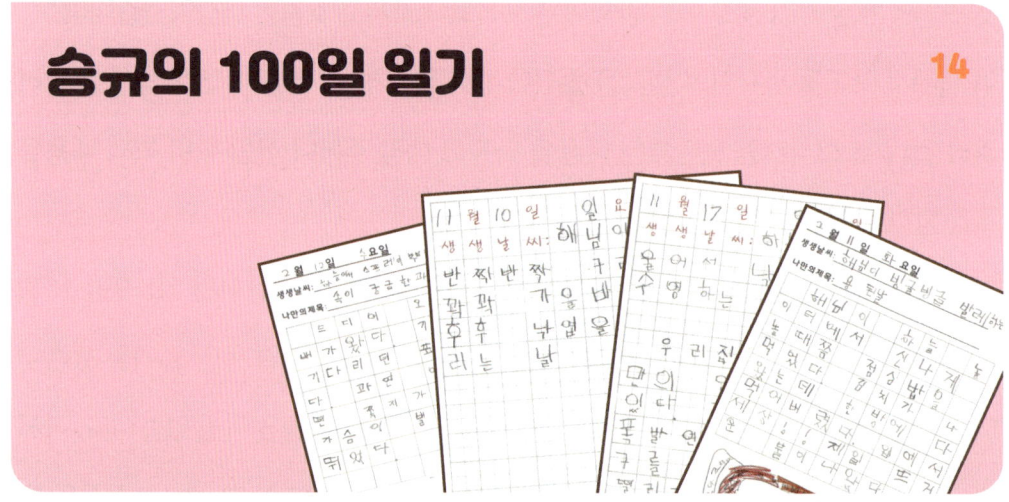

100일 일기 쓰기 그 후 **116**

나오는 말 **122**

✦ 일기 쓰기의 준비 ✦

일기 쓰기 코칭자의 역할

첫째, 일기 포인트를 짚어 주세요.

일기란 오늘 있었던 일 중에서 가장 기억에 남는 일을 글로 표현하는 것이에요. 하루에 있었던 일을 모두 쓰는 것이 아니라 가장 인상 깊었던 부분 또는 기억에 남는 일을 골라서 씁니다.

기억에 남지 않는 부분을 글로 쓰기는 힘이 들지요. 그래서 일기의 글감이 될 것 같은 일들은 메모하거나 사진을 찍거나 영상을 찍어 두면 좋습니다.

하지만 하루가 평범했고 기억할 만한 특별한 일이 없었다면 어떻게 일기를 써야 할까요? 일기 지도를 할 때 가장 어려운 부분이에요. 이럴 때는 하루의 일을 하나씩 꺼내 보며 포인트를 짚어 보세요. 그 일에 대해 엄마가 느낀 부분을 이야기해 주거나 관찰자 시점에서 어땠는지 알려 주는 거예요.

예를 들어, 아침에 일어나서 세수하는 일의 포인트를 짚어 볼게요.

"엄마는 네가 세수할 때 온종일 걸리는 줄 알고 조마조마했어. 늦잠 자서 후다닥 준비해도 모자랄 판에 얼굴 대청소를 하는 것 같더라고…."

"엄마가 보니까 네가 마치 창문 닦는 청소부 같더라. 어찌나 뽁빡뽁빡 얼굴을 닦던지 말이야!"

이렇게 포인트를 짚어 주면 아이는 평범했던 일이라도 조금 특별하게 생각할 수 있게 돼요.

둘째, 질문을 바꾸어 주세요.

엄마가 어릴 적에 일기 쓸 때 어떤 부분이 힘들었고, 어떤 부분이 어려웠는지 먼저 생각해 보세요. 그리고 그 힘들었던 부분을 채워 줄 방법을 생각해 보세요.

글감을 정했지만 어떻게 살을 붙여야 하는지가 가장 큰 고민이었을 겁니다. 그런데 살을 붙이는 것은 생각보다 간단합니다. 생각을 보태면 아주 뚱뚱해집니다. 또한 내 생각을 쓰면 나의 일기가 되지만 내 생각을 쓰지 않으면 누구나의 일기가 됩니다. 그러니 내 일기에 내 생각을 쓰는 것은 당연하겠죠?

그럼 아이의 생각을 글로 쓸 수 있도록 생각 끌어내기를 도와주세요. 방법은 질문을 바꾸면 됩니다.

예를 들어, 날씨를 적을 때는 이렇게 질문해 보세요.
"오늘 날씨는 어땠어?" → "오늘 해님은 뭐 했을까?"
"오늘 추웠지?" → "오늘 바람이 뭐 같았어?"

음식 일기를 쓸 때는 이렇게 질문해 보세요.
"맛있지?" → "어떤 느낌의 맛이야?"
"달콤해?" → "입안에서 음식들이 뭐해?"

이렇게 아이가 조금 더 생각하고 대답할 수 있는 질문으로 해 주세요. 일기 지도의 포인트는 '열린 질문하기'예요.

준비물

일기 쓰기를 함께 하기에 앞서 준비물을 챙겨 볼까요?
일 잘하는 사람은 장비 탓하지 않는다고 하지만 육아는 장비가 중요합니다. 글쓰기도 장비가 중요하지요.

1. 연필은 쓱쓱 잘 나오는 2B연필로 준비합니다.

연필심 진하기에 따라 H, HB, B, 2B, 4B 등으로 구분합니다.
H와 HB는 너무 흐려서 초보 글쓰기 친구들에게는 적당하지 않습니다. 꾹꾹 눌러 쓰면 잘 지워지지 않는 단점도 있고요.
진하게 잘 나오는 4B연필을 쓰면 진하고 술술 써지지만 심이 너무 두껍고 지울 때 번지며 지워져서 지저분해집니다.
따라서 일기 쓰기에는 적당히 쓱쓱 잘 써지고 잘 지워지는 2B를 추천합니다.

2. 말랑말랑하고 잘 지워지는 지우개를 준비합니다.

글쓰기를 할 때 연필과 노트보다 어쩌면 더 중요한 것이 지우개입니다. 아무리 예쁜 글씨로 썼다 한들 틀린 글씨를 가위표로 표시한다거나 연필로 검게 색칠해 놓으면 예쁜 글씨가 빛을 볼 수 없지요. 지우개가 없으면 니은을 기역으로 잘못 쓰고는 고쳐 보려다가 미음이 되는 경우도 있고, ㅔ도 아니고 ㅐ도 아닌 처음 보는 외계어가 탄생하기도 합니다. 지우개는 예쁜 모양보다는 부드럽게 잘 지워지는 것으로 준비해 주세요.

3. 아이가 사용하는 연필심에 잘 맞는 연필깎이를 준비합니다.

연필깎이도 다 똑같지 않습니다. 연필이 너무 뾰족하게 깎이면 자꾸 부러지고, 뭉뚝하게 깎이면 글씨가 뭉개질 수 있어요. 아이가 좋아하는 연필심 취향과 글씨 쓰는 손의 힘에 맞는 정도로 깎이는 연필깎이를 찾아보세요.

4. 아이의 수준에 맞는 일기장을 준비합니다.

깍두기공책, 깍두기와 그림 칸이 함께 되어 있는 그림 일기장, 줄공책 일기장 중에서 아이의 수준에 맞는 것을 골라 준비합니다. 간혹 그림 칸이 많고 글씨 쓰는 칸이 적은 일기장이 있는데, 그것보다는 글씨 쓰는 칸이 긴 것을 추천합니다.

시간적 여유가 있을 경우 아이를 위해서 아이만의 일기장을 만들어 주면 일기 쓰기에 동기 부여를 할 수 있습니다. 나만의 일기장이 생기면 아이가 더 신나게 일기를 쓸 수 있을 거예요.

직접 일기장을 만들면 문구점에서 파는 일기장에는 나와 있지 않은 틀을 만들 수 있고, 아이의 성향이나 수준에 맞게 편집하여 출력할 수 있어 여러모로 장점이 많습니다. 시중에는 집에서 쉽게 제본할 수 있는 도구가 많이 나와 있습니다.

목표 설정

어떠한 일이든 목표를 설정하면 일의 진행이 쉽고, 진행 상황이 눈에 보여 수정·보완·평가가 가능하며, 다음 단계로의 계획이 자연스레 이어질 수 있습니다. 문제는 너무 거창한 목표를 설정한다는 것입니다.

목표는 아이의 진행 상황에 따라 계속 변경하며 최대한 서로 지치지 않도록 하는 것이 중요합니다. 아이와 일기 쓰기를 해야겠다고 생각하면 목표를 '100일 동안 쓰기'라고 정하는 것이 아니라 다음처럼 결과보다는 과정에 목표를 설정해 주세요.

-일기 쓰기에 대해 재미와 흥미 느끼기
-자연스러운 대화 속에서 일기 글감 찾기

✦ 욕심 버리기 ✦

자기의 생각을 말로 표현하는 것도 힘들지만 글로 표현하는 것은 더 어렵습니다. '일기'를 쓰기 위해 아이가 일기장을 펴고 연필을 잡았다는 것은 대단한 시작입니다. 그 사실만으로도 칭찬을 아끼지 마세요.

처음부터 길게 잘 써야 한다는 생각을 갖지 않도록 해 주세요. 처음에 1줄로 시작해야 부담 없이 10줄을 쓸 수 있답니다. 한 걸음 한 걸음 가다 보면 목표에 도달할 거예요. 너무 급하게 가려고 하면 중간에 힘이 들어서 포기하고 싶을 수 있으니 1줄씩 천천히 도전해 보세요.

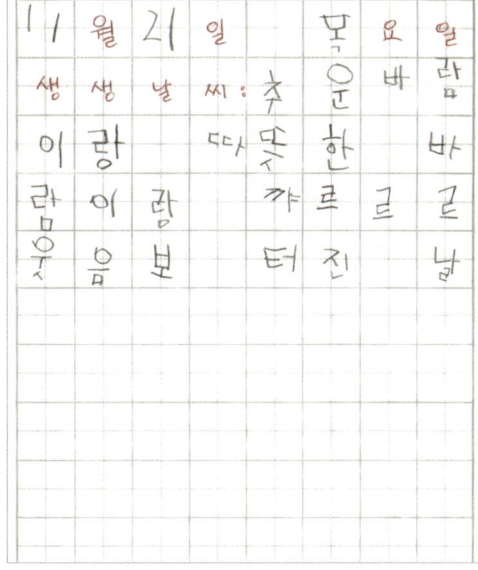

 ★일기 쓰기 포인트

- 처음에는 날씨만 도전해 보세요.
- 날씨에는 흉내 내는 말을 넣어서 표현해 보세요.(여러 가지 흉내 내는 말에 대해 알려 주세요.)
- 날씨가 살아 있다는 생각으로 표현해 보세요.

✦ 감정 주머니 채우기 ✦

아이들은 '좋았다.', '재미있었다.' 같은 표현을 많이 씁니다. 왜 그럴까요? 그 까닭은 다양한 표현을 잘 모르기 때문입니다.

일기 쓰기를 지도할 때 다양한 감정 표현이 있다는 것을 알려 주세요. 감정에 관해 나온 책이나 감정 카드로 알려 주는 것도 좋지만 가장 좋은 방법은 엄마 아빠가 먼저 다양하게 표현하는 것입니다. 이제껏 사용해 보지 않았던 여러 가지 표현으로 아이의 감정 주머니를 채워 주세요.

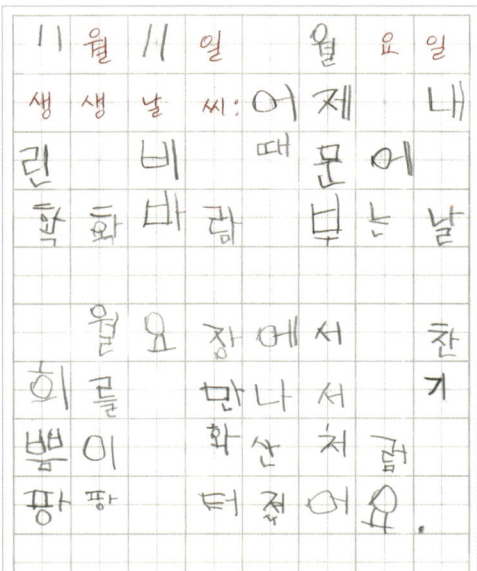
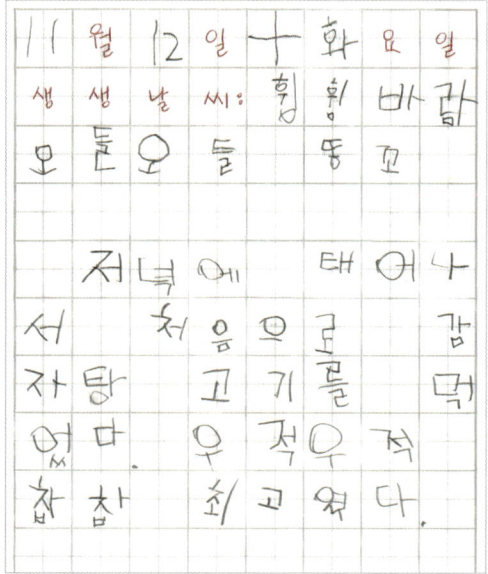

 ★ 일기 쓰기 포인트

- 다양한 감정을 사용하여 쓸 수 있도록 해 주세요. 객관식처럼 여러 가지를 말하고 고를 수 있게 해 주어도 좋습니다.
  추천 도서 : 『일기 쓰기 재미 사전』(송현지 글, 고래책빵), 『아홉 살 마음 사전』(박성우 글, 김효은 그림, 창비)
- 감정을 표현할 때 어울리는 흉내 내는 말을 넣어 보세요.
- 엄마는 어땠는지 꼭 이야기해 주세요.

✦ 일기의 글감 찾기 ✦

관찰은 가장 좋은 글쓰기 습관이에요.

일기를 잘 쓰려면 내 생각을 잘 표현하는 것도 중요하지만 정말로 중요한 것은 관찰입니다. 가족도 관찰하고, 친구도 관찰하고, 물건도 관찰하고, 음식도 관찰하고, 보이는 것 모두를 관찰해 보세요. 내가 오늘 보고 듣고 느낀 것들을 그냥 지나치는 것이 아니라 눈으로, 코로, 입으로, 귀로, 마음으로 관찰하고 느끼는 것이지요.

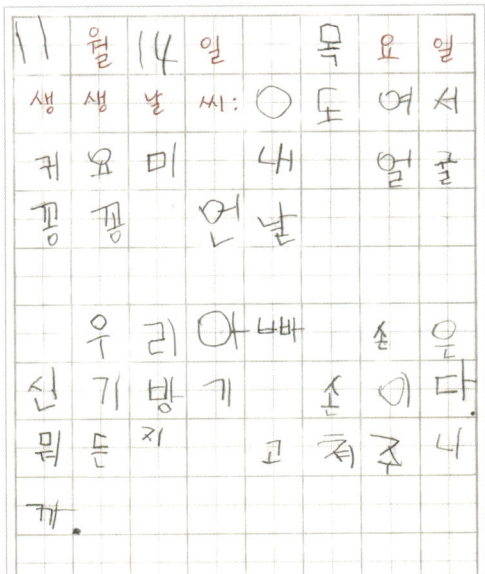 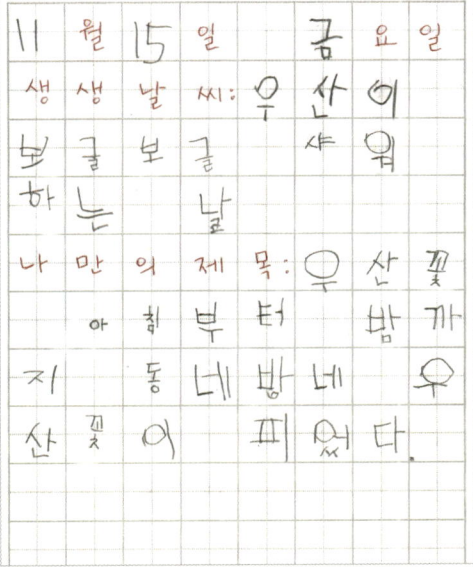

 ★**일기 쓰기 포인트**

- 나와 가장 가까운 것부터 관찰해 보세요.
- 엄마, 아빠도 함께 관찰하며 생각을 말해 주세요.
- 관찰하는 사물이 살아 있다고 생각하고 관찰하세요.
- 일기에 어울리는 제목이 있다면 제목도 지어 보세요.
  (제목은 너무 뻔하지 않게 지어 보세요.)

승규의 100일 일기

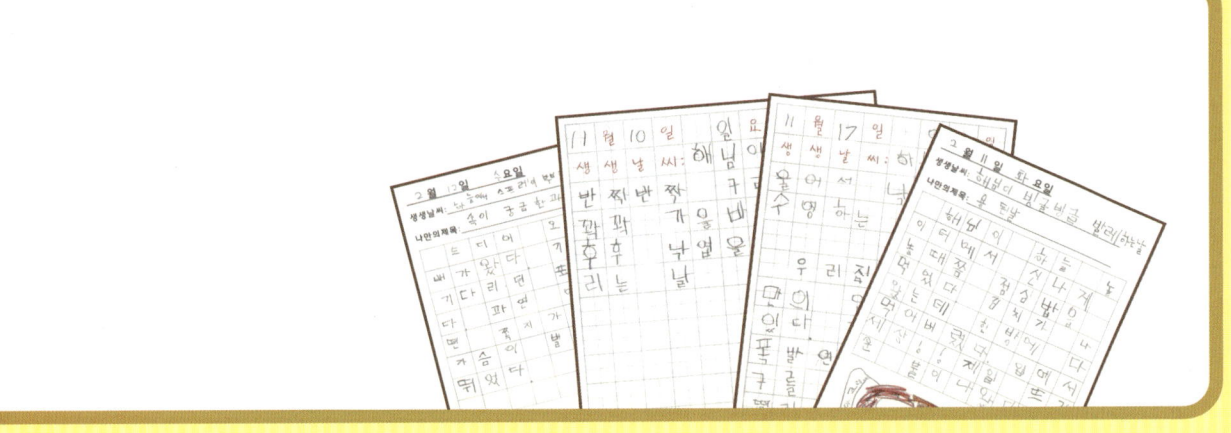

001 일차 | 일기의 시작은 날씨 관찰

생각 톡톡 질문

1. 해님은 무엇으로 변신한 것 같아?
2. 구름은 어디 가는 걸까?
3. 바람은 무얼 하고 있을까?
4. 낙엽들은 무슨 춤을 추고 있니?

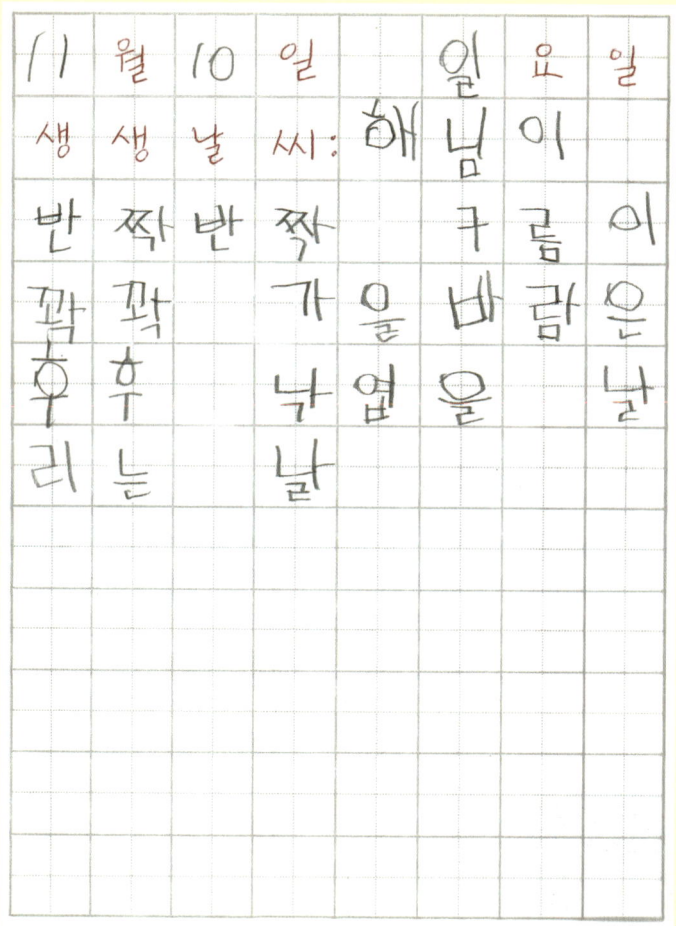

11월 10일 일요일
생생날씨: 해님이
반짝반짝 구름이
꽉꽉 가을바람은
후후 낙엽을 날
리는 날

 ★TIP

① 일기를 쓸 때 날씨는 꼭 쓰지요. 날씨를 재미나게 관찰하며 쓸 수 있는 습관을 만들어 보세요.
② 하지만 절대로 욕심을 내지 마세요. 욕심은 포기를 불러오니까요.
③ 아이가 생각하고 답할 수 있도록 열린 질문을 하세요. "덥지?", "춥지?" 같은 질문은 넣어 두세요.
④ 질문했는데 아이가 대답을 망설인다면 먼저 표현해 보세요. 예시를 들어 주는 느낌으로요.
⑤ 엉뚱하게 대답하더라도 혼내지 마세요. 정답은 없으니까요.

002 일차 | 은근슬쩍 일기 쓰는 분위기 만들기

생각 톡톡 질문

1. 기분이 좋을 때 가슴은 어떻게 뛰니?
2. 기분이 좋을 때 가슴이 무엇으로 가득 차는 것 같니?
3. 기분이 좋을 때 네 엉덩이는 무슨 춤을 출까? 네 어깨는 무얼 할까? 네 입은 어떻게 웃을까?

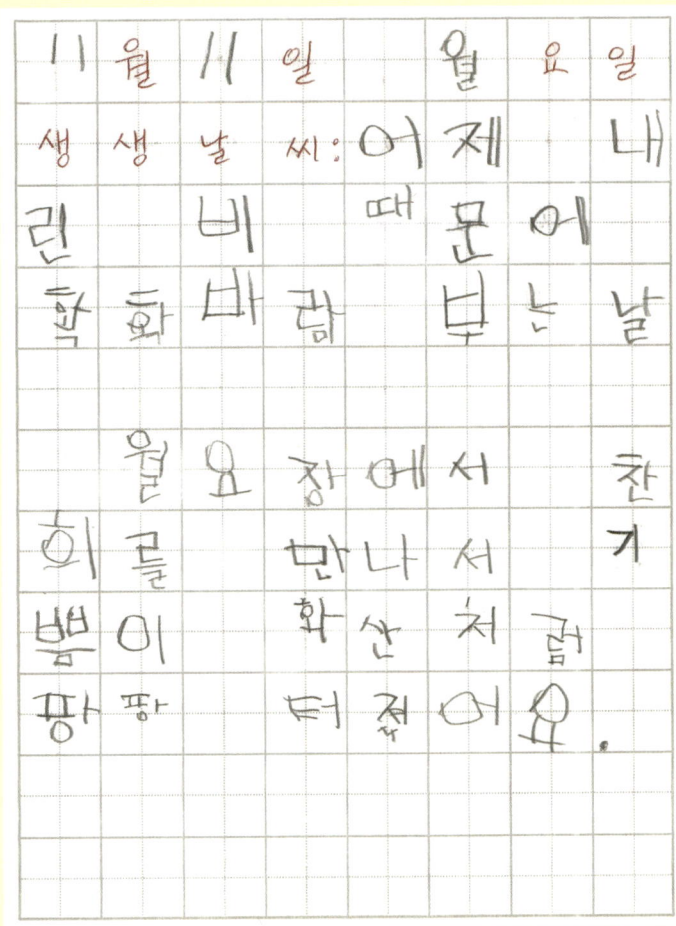

★TIP

① 기분이 좋을 때 일기를 쓸 수 있도록 해 주세요.
② 처음에는 일기 쓸 시간을 정해 두기보다 은근슬쩍 분위기를 만들면 거부감 없이 할 수 있답니다.
③ 거창하게 계획을 세우지 마세요. 목표는 낮게 잡되 흥미를 느낄 수 있도록 해 주세요.

003 일 차 | 일기에 대해 재미 갖게 하기

생각 톡톡 질문

1. 음식을 씹을 때 어떤 소리가 나니?
2. 음식이 입안에서 무얼 하고 있을까?
3. 음식은 너를 어떻게 해 주니?
4. 음식은 너에게 무엇을 주니?

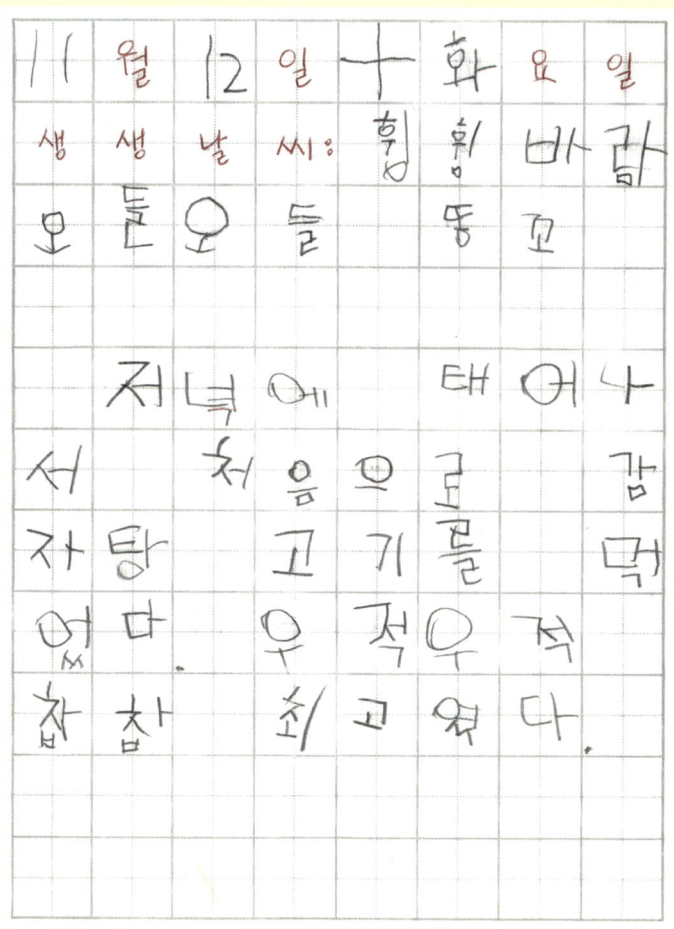

11월 12일 十 화요일
생생날씨: 휑휑 바람
오돌오늘   동고

저녁에   태어나
서   처음으로   감
자탕   고기를   먹
었다.   우적우적
참참   최고였다.

★TIP

① 아이가 좋아하는 단어를 사용해서 쓰게 하면 일기 쓰기에 부담을 덜 가질 수 있어요.
② 음식을 먹을 때 함께 재미난 표현을 주고받아 보세요.
③ 음식의 모양도 관찰하고, 맛도 더 자세히 느껴 보세요.
④ 음식 일기를 쓸 때는 흉내 내는 말을 적극적으로 활용해 보세요.

004일차 | 글감은 어디에나 있다.

생각 톡톡 질문

1. 빗방울은 어떤 소리를 내며 내릴까?
2. 빗방울은 어디로 떨어질까?
3. 빗방울은 떨어지면서 무엇을 할까?
4. 빗방울은 내리면서 어떤 기분일까?

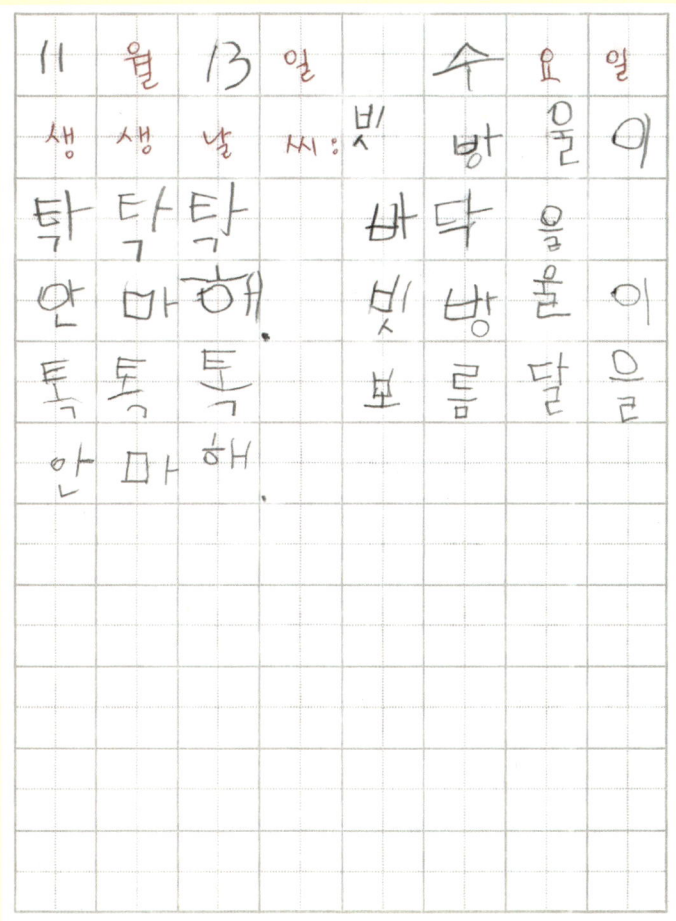

11월 13일 수요일
생생날씨: 빗방울이
탁탁탁 바닥을
안마해 빗방울이
톡톡톡 보름달을
안마해.

 ★TIP

① 늘 먹는 밥도, 늘 걷는 길도, 갑자기 내리는 빗방울도 모두 다 좋은 글감이 될 수 있어요.
② 함께 보고 듣고 느끼는 것을 공유해 보세요. 질문만 하는 것이 아니라 엄마의 생각도 들려주세요.
③ 칭찬을 아끼지 마세요. 칭찬 하나만으로도 세상에서 가장 행복한 아이가 될 수 있으니까요.

005 일차 | 주변 사람 관찰하기

생각 톡톡 질문

1. 엄마(아빠)가 제일 잘하는 것은 무엇일까? 왜 그렇게 생각해?
2. 엄마(아빠)의 별명을 지어 줄까?
3. 엄마(아빠)가 최고 멋진 이유는?
4. 엄마(아빠)의 어떤 점을 닮고 싶니?

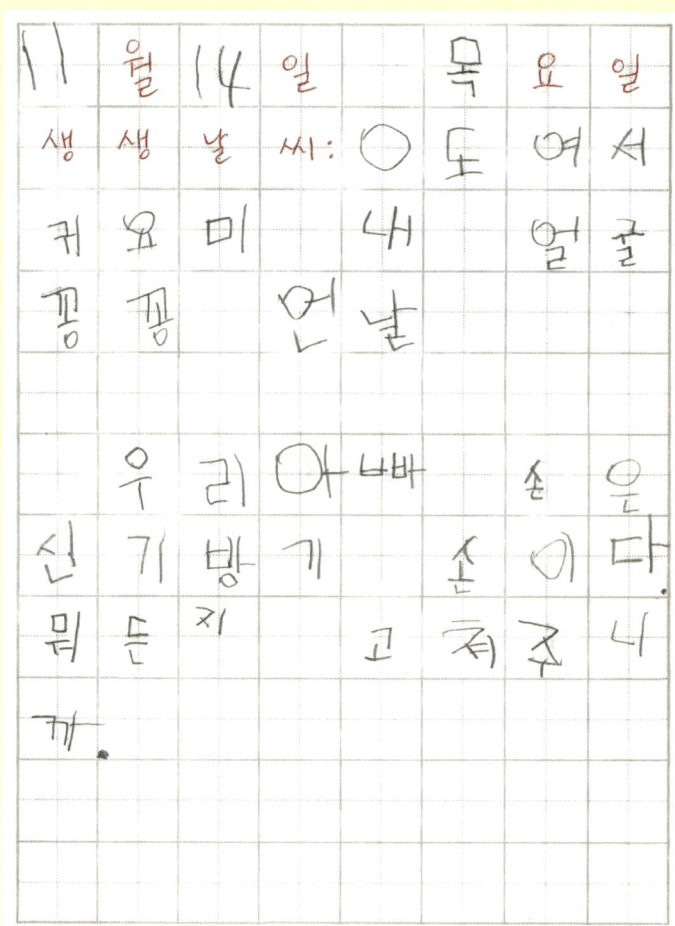

11월 14일 목요일
생생날씨: ○도 여서
귀요미 내 얼굴
꽁꽁 언 날

우리 아빠 손은
신기방기 손이다.
뭐든지 고쳐주니까.

★TIP

① 주변 사람을 관찰하며 일기를 써 보세요. 그 사람은 무엇을 좋아하는지, 무엇을 잘하는지 이야기 나누다 보면 멋진 인물 관찰 일기가 되어요.

② 그 사람에 대해 왜 그렇게 생각하는지 물어 보세요. 적절한 이유를 찾는 것은 내 생각을 표현하고, 그 표현을 정확히 전달하는 매우 중요한 일이에요.

③ "왜?"라는 질문에 대답하기 어려워하면 객관식 문제처럼 말해 주고 고를 수 있도록 도와주세요.

006일차 | 한 단계 추가하기

생각 톡톡 질문

1. 비가 오는 날 우산(장화)의 기분은 어떨까?
2. 우산이 펴질 때 어떤 소리가 나니?
3. 우산을 쓰고 있을 때 비는 어떤 소리를 내니?
4. 우산의 별명을 지어 준다면?

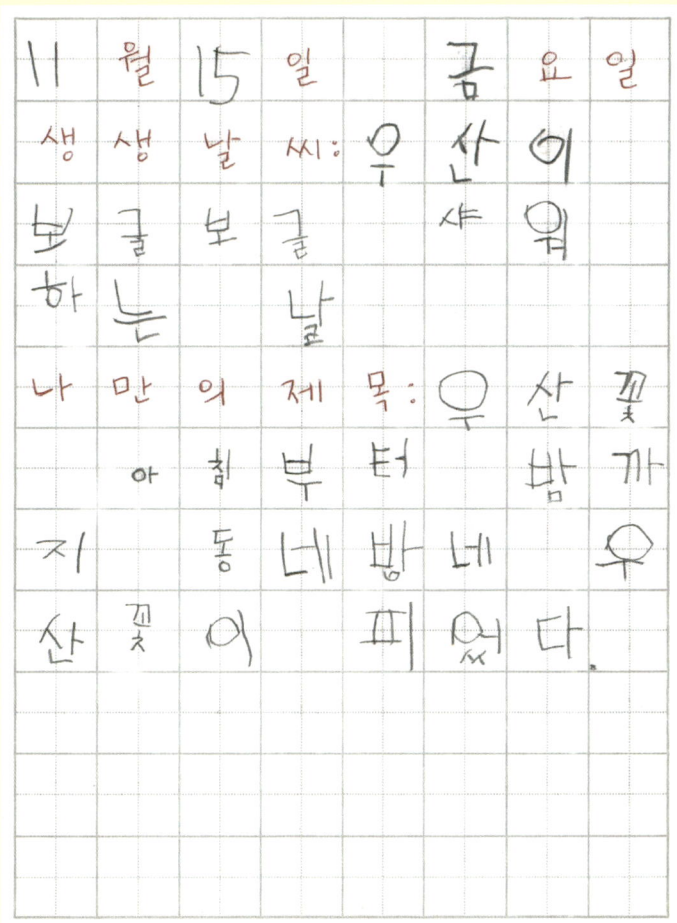

 **TIP**

① 제목 칸을 만들어 보세요. 제목은 일기를 다 쓴 후에 쓰면 내용과 잘 어울리게 쓸 수 있어요.
② 띄어쓰기나 맞춤법을 너무 강요하지 마세요. 자칫 아이가 글쓰기에 두려움을 가질 수 있어요.
③ 엄마가 수다스러워지세요. 아이의 사고 확장에 많은 도움을 줄 수 있어요.

007일차 | '나는 오늘' 말고 뭐라고 쓰지?

생각 톡톡 질문

1. 아침(점심, 저녁)에 해님은 무얼 하고 있을까?
2. 아침 11시쯤 해님은 무얼 하고, 달님은 무얼 하고 있을까?
3. 웃음소리에는 어떤 것들이 있을까?
4. 높이 올라가는 놀이기구를 타면 네 다리는 어떻게 움직일까?

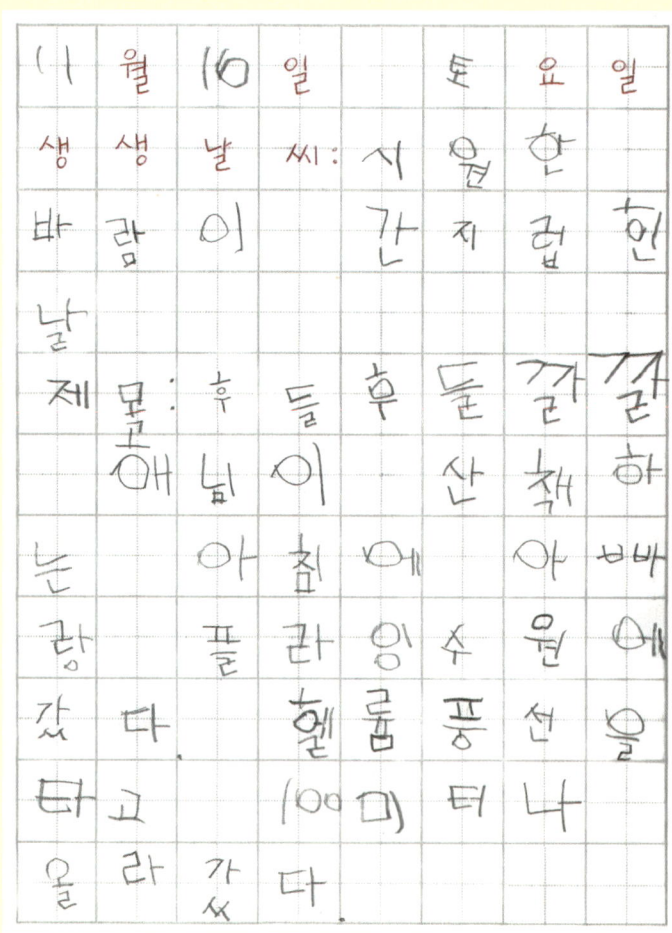

 ★TIP

1. '나는 오늘' 말고 언제 했는지 구체적으로 쓸 수 있도록 도와주세요.
2. '언제'를 쓸 때는 아침인지, 점심인지, 저녁인지 알 수 있도록 해 주세요.
3. 내용에 다 쓰지 못한 것이 있다면 제목을 활용하세요. 제목이 멋진 일기의 주인공이 될 수도 있어요.
4. 제목에 오늘의 감정을 쓰게 해 보세요. 훨씬 빛나는 감정 표현이 될 수 있답니다.

008일차 | 요즘 관심사

 **생각 톡톡 질문**

1. 요즘 제일 재미있는 놀이는? 그 이유는?
2. 요즘 제일 좋아하는 장소는? 그 이유는?
3. 요즘 제일 친하게 지내는 친구는? 그 친구와 친한 이유는?
4. 요즘 제일 맛있는 음식은? 그 이유는?

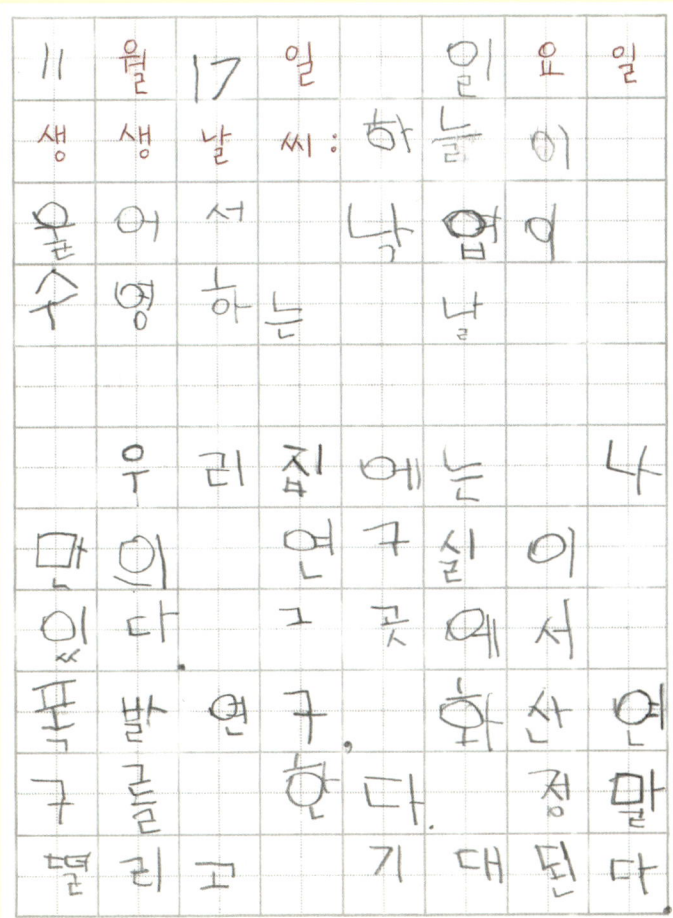

 ★TIP

① 글감이 잘 떠오르지 않는다면 요즘 관심사로 질문하며 이야기 속에서 찾아보세요.
② 요즘 무얼 좋아하는지, 요즘 뭐가 제일 재미있는지를 말하는 것만으로도 아이들은 행복해합니다.
③ 최대한 아이의 이야기를 많이 들어 주고, 더 이야기할 수 있도록 질문해 주세요.

009 일차 | 언제 어디서나 일기를 쓴다.

생각 톡톡 질문

1. 차 타고 먼 곳으로 갈 때 기분이 어떠니?
2. 보고 싶은 사람을 만나러 갈 때 기분이 어떠니?
3. 보고 싶었던 사람을 만나면 기분이 어떠니?
4. 보고 싶었던 사람을 만났을 때 기분을 몸으로 표현한다면?

11월 18일 월요일
날씨: 미세먼지가 찬바람이 긴 날

오후 3시에 아빠와 차를 타고 춘천에 갔다. 가는 길은 졸렸지만 엄마를 만나서 행복했다.

★TIP

① '일기 쓰기는 특별한 일이 아니다. 양치하는 일처럼 약간은 귀찮지만 당연한 일이다.'라고 생각할 수 있도록 일상에 일기 쓰기를 끼워 넣으세요.
② 여행을 갈 때도 칫솔을 챙기듯 일기장과 연필, 지우개를 챙기세요.
③ 일기를 쓰기 싫어 할 때는 절대 강요하지 마세요. 하지만 스스로 귀찮음을 이겨 내고 쓰고 나면 무척이나 뿌듯함을 느낄 거예요. 그럴 때는 뿌듯함이 몇백 배가 되도록 칭찬해 주세요.

010 일차 | 첫 경험은 특별해!

 생각 톡톡 질문

1. 처음 먹어 본 음식 중에서 정말 맛있었던 음식은?
2. 처음 도전해 본 그 음식의 맛은 어땠니?
3. 음식의 맛을 점수로 표현해 본다면?
4. 김치의 별명을 지어 본다면?

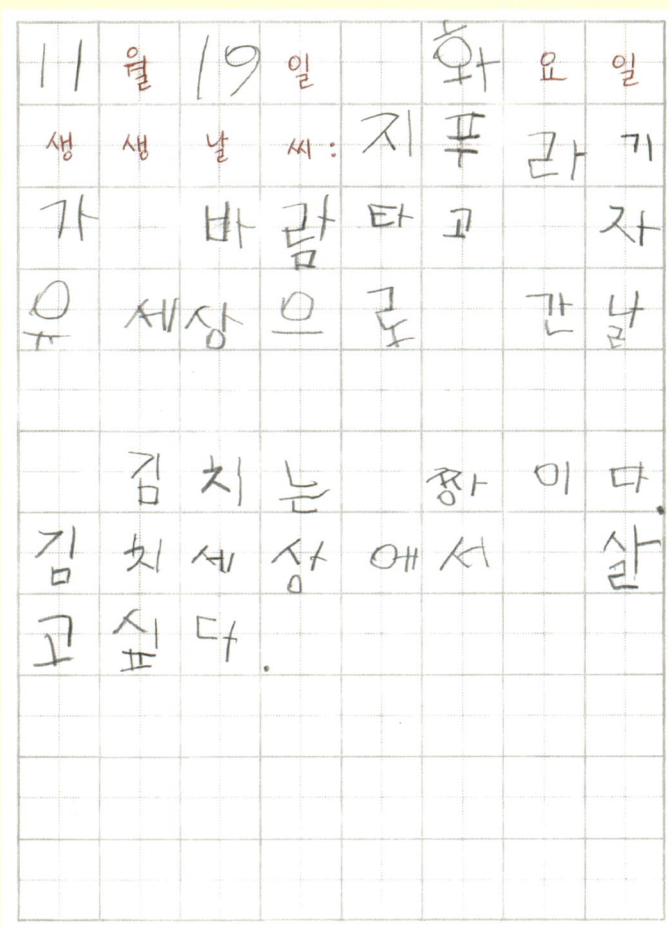

11월 19일 화요일
생생날씨: 지푸라기가 바람타고 자유 세상으로 간날

김치는 황미다.
김치세상에서 살고싶다.

 ★TIP

① 처음 해 보는 경험처럼 귀한 일기 소재는 없지요. 그 경험이 정말로 신나고 행복하다면 아이가 먼저 일기를 쓰고 싶어 하는 상황이 되기도 해요.
② 빛나는 경험으로 기억될 수 있도록 다양한 표현으로 쓸 수 있게 도와주세요.

011 일차 | '좋았다. 신난다.' 말고 뭐라고 하지?

 **생각 톡톡 질문**

1. 좋아하는 친구가 우리 집에 놀러 온다면 마음이 어떨까?
2. 기분이 좋으면 몸이 어떻게 움직여? 엉덩이는 뭐해?
3. 기분이 좋을 때 가슴속에 신남(행복, 웃음)이 몇 개나 있니?
4. '신난다.'라는 말에는 어떤 감정이 숨어 있을까?

> 11월 20일 수요일
> 생생날씨: -5도 여
> 세배가 스크류
> 바된날
>
> 내일 드디어
> 찬희가 우리집에
> 온다.^^ 지금 내
> 마음 속에는 신
> 남이 50000
> 개 있다~

 **TIP**

① 아이들이 일기에서 가장 많이 표현하는 긍정적인 감정 표현은 '좋다. 좋았다. 행복했다. 신났다. 즐거웠다.'예요. 조금은 색다르게 표현할 수 있도록 확장 질문을 해 보세요.

② 기분이 좋을 때는 가슴속에 뭐가 가득한지, 가슴속에 무엇이 꽃피는지 물어보세요. 놀라운 대답이 나올 거예요.

012 일차 | 시작이 반이다!

생각 톡톡 질문

1. 해님(구름)이랑 바람은 어떤 사이일까?
2. 해님(구름)이랑 바람은 무슨 이야기를 할까?
3. 해님(구름, 바람)이 웃는다면 어떤 웃음소리가 날까?
4. 바람이 불면 나무들(꽃들)은 무엇을 할까?

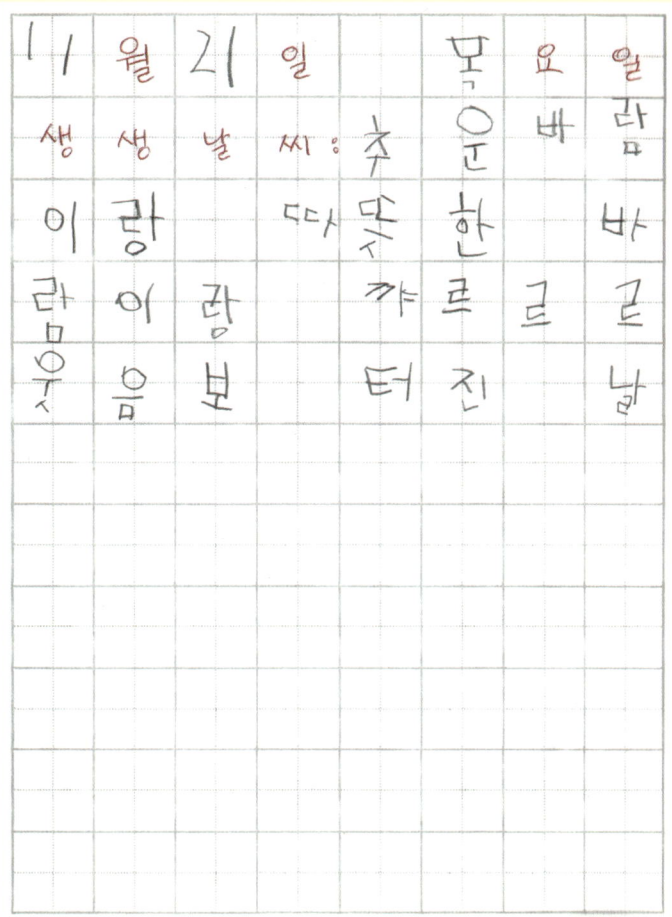

11월 21일 목요일
생생날씨 : 추운 바람
이랑 따뜻한 바르
람이 깔끔 고
웅 음보 터진 날

★TIP

① 꾸준히 무언가를 할 때 욕심은 금물이에요. 절대로 강요하지도, 무리하지도 마세요.
② 고비가 찾아왔다면 다시 처음부터 시작하는 마음으로 목표를 낮춰 보세요. 시작이 반이니까요.
③ 아이가 손으로 직접 쓰는 것을 너무 힘들어한다면 엄마와 번갈아 쓰기, 대필해 주기 등의 방법을 사용해 보세요.

013 일차 | 마치 2일 차처럼!

생각 톡톡 질문

1. 어떤 요일이 제일 좋니? 그 이유는?
2. 두 번째로 좋아하는 요일은? 그 이유는?
3. 월요일(화요일, 수요일, 목요일, 금요일, 토요일, 일요일)에는 어떤 병이 걸릴까?

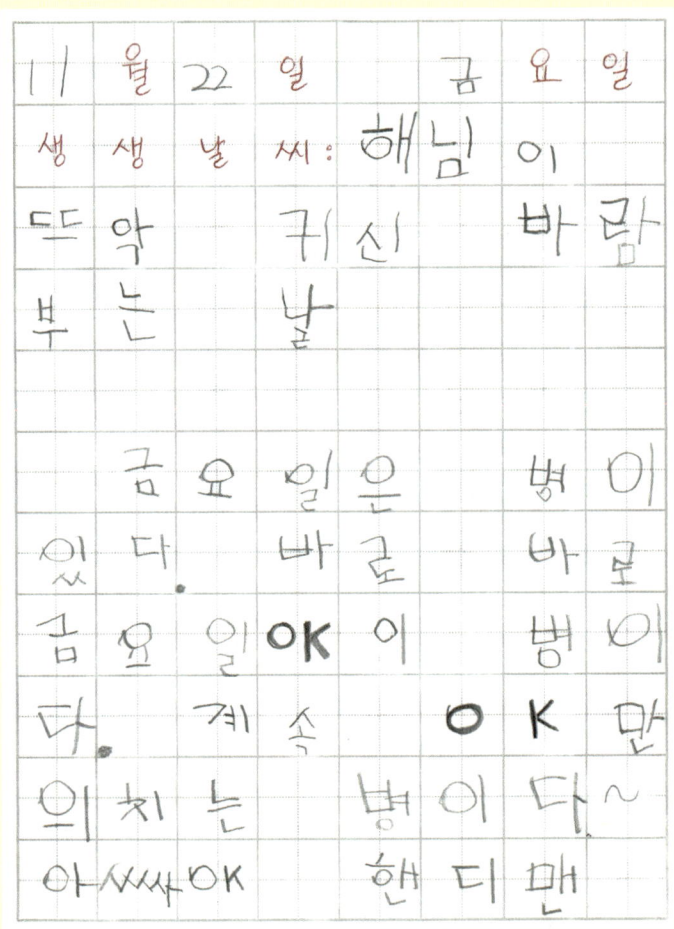

★TIP

1. 어제 일기 쓰기에 고비가 왔다고 해서 걱정할 필요는 없어요. 아이는 벌써 잊었을 테니까요. 아무 일도 없었다는 듯 시작해 보세요.
2. 오늘은 어떤 기분 좋은 글감을 찾아 줄까 고민해 보세요. 고민의 땀방울이 완주를 도와준답니다.
3. 좋아하는 요일을 활용해서 요일 일기를 써 보세요. 왜 좋아하는지 이유도 써 주면 금상첨화예요.

014일차 | 일부러 일기 글감 만들기

 생각 톡톡 질문

1. 제일 해 보고 싶은 실험은?
2. 실험하기 전에 네 마음은 어떠니?
3. 실험하면서 알게 된 놀라운 사실은?
4. 실험을 끝내고 나서 네 마음은 어떠니?

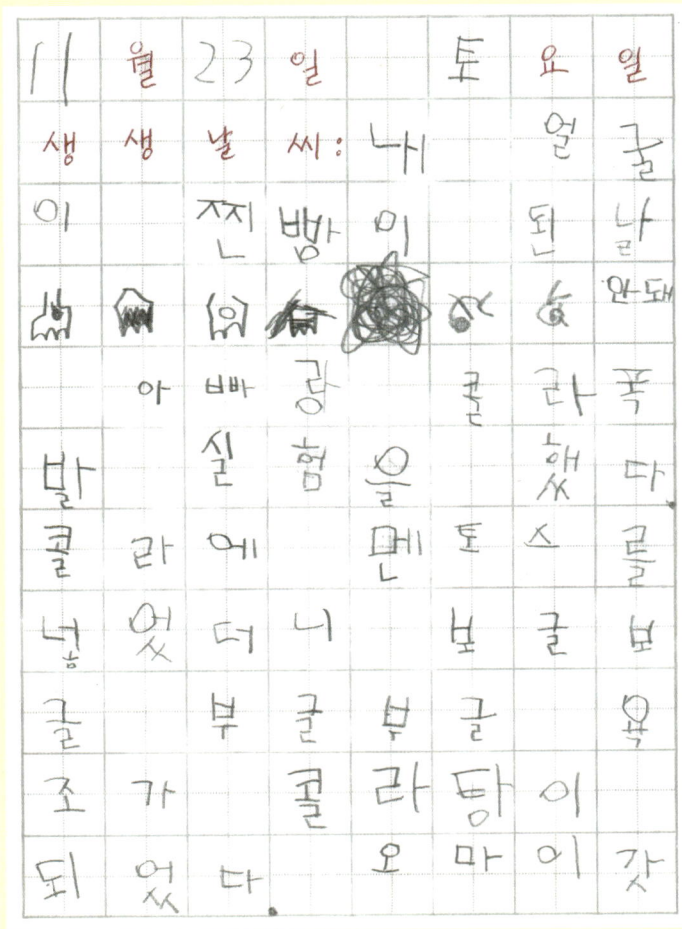

 ★TIP

① 뭔가 특별한 일이 있으면 일기 쓰기가 훨씬 쉬워요. 하지만 늘 특별한 일이 있는 것은 아니지요. 그러니 가끔은 일부러라도 특별한 일을 만들어 주세요.

② 자주 하지 못하는 실험이나 체험은 남겨 놓았다가 글감이 떨어졌을 때 꺼내 특별한 글감으로 써 보세요.

015 일차 | 놀이는 짧고 굵고 재미나게!

생각 톡톡 질문

1. 집에서 할 수 있는 놀이에는 무엇이 있을까?
2. 그중에서 가장 좋아하는 놀이 3개를 꼽는다면?
3. 그 놀이가 가진 특별한 점이 뭐야?
4. 1등으로 뽑고 싶은 놀이는? 그 이유는?

11월 24일 일요일
생생 날씨: 비님 축축
나무는 쭐꺽쭐꺽

하루종일 집에서
놀았다. 아이
스크림도 팔고
돈도 팔고 용수철
도 팔았다. 향사
들 해보니 재미
있었다.

★TIP

① 아이랑 재미있게 놀고 나서 놀이의 재미가 사라지기 전에 그 감정을 일기에 담아 보세요.
② 바로 쓸 수 없다면 놀이를 할 때 감정을 물어본 뒤 메모해도 좋고, 사진이나 동영상으로 남겨 두어도 좋아요.

016 일차 | 아플 때는 어떻게 하지?

생각 톡톡 질문

1. 감기에 걸리면 어떤 기분이니?
2. 코감기(목감기)가 걸렸을 때 네 코(목)는 어떤 생각을 할까?
3. 감기에 걸리면 네 몸이 어떠니?
4. 감기에 걸리지 않으려면 어떻게 해야 할까?

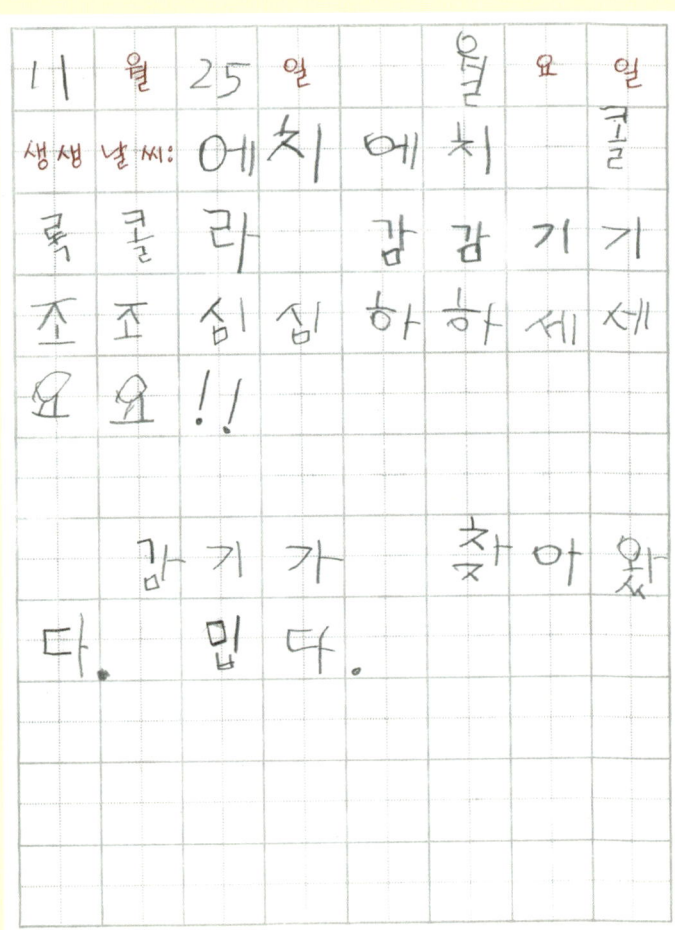

 ★TIP

① 매일 일기 쓰기를 진행하는데 아이가 감기에 걸리면 일기 쓰기를 진행해야 할지 말아야 할지 고민이 되지요. 하지만 위기를 기회로 바꾸어 보세요. 감기는 대단한 글감이 될 수 있어요.

② 몸이 아프니 1줄만 써도 잘 썼다고 하고 그만 써도 된다고 해 주세요. 몇 줄 쓰는 것보다 중요한 것은 했다는 것이니까요.

017 일차 | 안 된다고 하지 말고 당연하다고 말해 주기

생각 톡톡 질문

1. 아파서 유치원(학교)에 못 가면 어떤 기분이니?
2. 아파서 유치원(학교)에 못 가면 심심함(지루함)이 몇 개나 될까?
3. 심심할 때 할 수 있는 놀이는?
4. 너에게 최고의 놀이는 뭐야?

11월 26일 화요일
생생 날씨: 해님도 나도 감기 걸린 날

유치원에 못 갔다. 좋은데 5 ㅇㅇㅇㅇㅇㅇㅇ ㅇㅇㅇㅇㅇㅇ ㅇㅇㅇ개 심심했다~

 ★TIP

① 아이가 아파서 유치원(학교)에 못 간다면 얼마나 심심할까요? 일기 글감 찾기도 쉽지 않고요. 이럴 때는 질문으로 일기를 써 보세요.

② 얼마나 심심하냐고 묻지 말고 몇 개나 심심하냐고 물어보세요. 그 숫자로 칸을 다 채워도 되냐고 물으면 "당연하지!"라고 답해 주세요. 글쓰기나 생각에는 정답이 없으니까요.

018일차 | 맛있게 먹었다면 글감 당첨

생각 톡톡 질문

1. 요즘 네가 제일 좋아하는 반찬은?
2. 그 반찬을 먹으면 어떤 능력이 생기니?
3. 그 반찬은 엄지 몇 개의 맛이니?
4. 그 반찬을 만들어 준 사람에게 한마디 한다면?

11월 27일 수요일
생생날씨: 바람이 뻥뻥 축구공 날리는 날

저녁에 송현지 표 김치찌개를 두 그릇이나 먹었다. 엄지 빠삭 만 개다. 엄마 최고

 ★TIP

① 유난히 맛있게 음식을 먹었다면 아주 훌륭한 글감이 돼요. 이때 조금 더 나만의 표현을 할 수 있도록 도와주세요.

② 어떤 감정의 맛인지 물어봐 주고, 엄지를 몇 개 들어 주고 싶은 맛인지도 물어봐 주세요.

019 일차 | 변화를 잡아라.

생각 톡톡 질문

1. 오랜만에 친구를 만나면 기분이 어떠니?
2. 오랜만에 친구를 만나면 어떤 웃음소리가 날까?
3. 오랜만에 친구를 만나서 하고 싶은 것은?
4. '기분이 좋다.'라는 표현에는 어떤 감정들이 숨어 있을까?

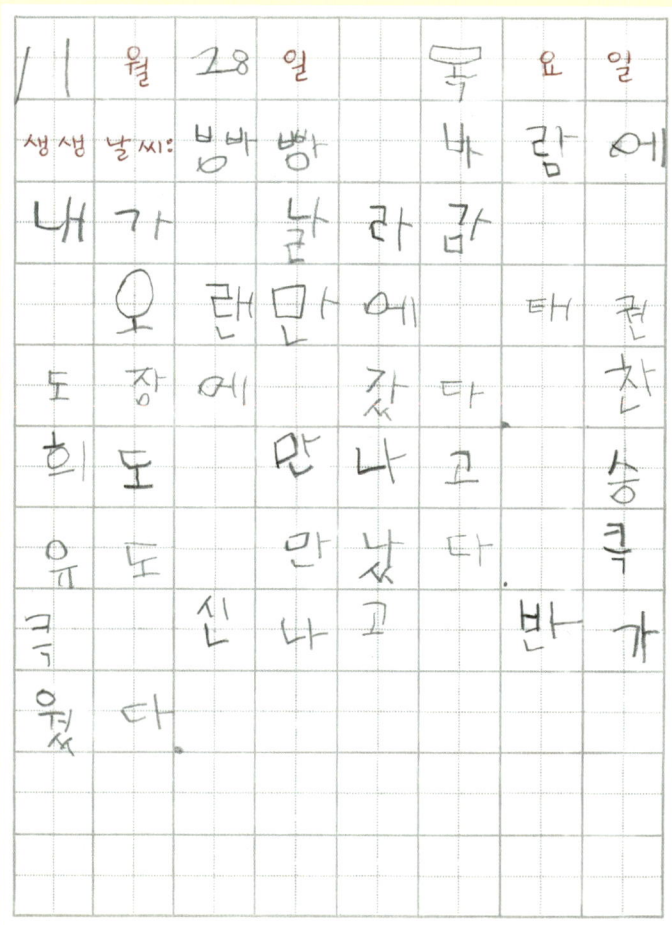

11월 28일 목요일
생생 날씨: 빵빵 바람에
내가 날라감
오랜만에 태권
도장에 갔다 찬
희도 만나고 승
유도 만났다. 크
크 신나고 반가
웠다.

★TIP

① 감기에서 회복해 일상생활에 복귀했다면 그 또한 아이에게 특별한 하루였을 테니 놓치지 마세요.
② 생각하고 답할 수 있는 개방형 질문을 해 주세요. '오늘 바람은 어땠어?', '누구누구 만났어?', '친구들을 만나니 가슴이 어땠어?', '친구들을 보니 기분이 어땠어?' 등.

020일차 | 새로운 맛 표현하기

생각 톡톡 질문

1. 제일 좋아하는 과일은? 그 이유는?
2. 키위(딸기, 수박, 바나나, 망고)는 어떤 느낌의 맛이야?
3. 너에게 힘(웃음, 사랑, 행복)을 주는 과일은 어떤 것이니?
4. 너에게 실망(슬픔, 황당, 놀람)을 주는 과일은 어떤 것이니?

11월 29일 금요일
생생 날씨: 쌀쌀한 날

지재민 선생님이 사주신 키위와 딸기를 먹었다. 키위는 나의 힘이 되었고 딸기는 LOVE가 되었다.

 ★TIP

1. 자주 쓰는 음식 일기에 특별함을 넣어 보세요.
2. 혀로 느껴지는 맛 말고 마음으로 느껴지는 맛을 표현하도록 해 주세요.
3. 이 음식이 나를 어떻게 해 주었는지, 나에게 무엇을 주었는지도 표현하도록 해 주세요.

021 일차 | 유행가를 활용하자.

생각 톡톡 질문

1. 요즘 좋아하는 노래는?
2. 요즘 좋아하는 노래에서 제일 맘에 드는 가사는?
3. 가사의 한 부분을 일기에 넣어 본다면?
4. 노래가 들어간 일기를 써 보니 어떠니?

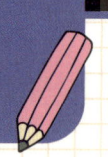

```
11월 30일  토요일
날씨: 산타할아버지
수염 같은 구름

드디어 나는
흰 노미다. 흰 띠야
잘가라. 그동안
사랑했다ㅆ
```

 ★TIP

① 동요든 가요든 아이가 좋아하는 노래가 있다면 그 노래 가사를 활용해서 일기를 써 보세요.
② 노래를 같이 들어 보고 불러도 보세요.
③ 노래를 틀어 주어 아이가 흥얼흥얼 따라 부르며 즐겁게 일기를 쓸 수 있도록 해 주세요.

022 일차 | 관찰은 일기의 꽃

 생각 톡톡 질문
1. 이 음식은 누가 만들었을까?
2. 이 음식에는 무엇 무엇이 들어갔을까?
3. 이 음식은 어떻게 만들었을까?
4. 이 음식은 누가 개발했을까?

> 12월 1일 일요일
> 생생날씨 : 비는
> 토도독 지렁이는
> 꿈틀틀.
>
> 아플 로를 먹었
> 다. 누가 빨대
> 안에 포도맛 쥬스
> 를 넣었는지 신
> 기하다.

 ★TIP

① 누구를 만나든, 어디를 가든, 무엇을 하든 관찰만 잘해도 멋진 글감이 될 수 있어요.
② 평소에 먹던 간식도 질문에 질문이 이어지면 색다르게 보일 수 있어요.
③ 맛있게 먹는 것도 중요하지만 이 음식을 어떻게 만들었는지, 무엇으로 만들었는지, 누가 만들었지 궁금해하는 과정에서 사고가 확장되는 놀라운 경험을 할 수 있어요.

023 일차 | 내 몸이 느끼는 느낌

생각 톡톡 질문

1. 기분이 좋을 때 엉덩이는 무얼 하니?
2. 기분이 좋을 때 엉덩이는 어떤 춤을 출까?
3. 엉덩이가 춤을 출 때는 어떤 흉내 내는 말이 떠오르니?
4. 엉덩이가 신이 나면 어떤 노래를 부를까?

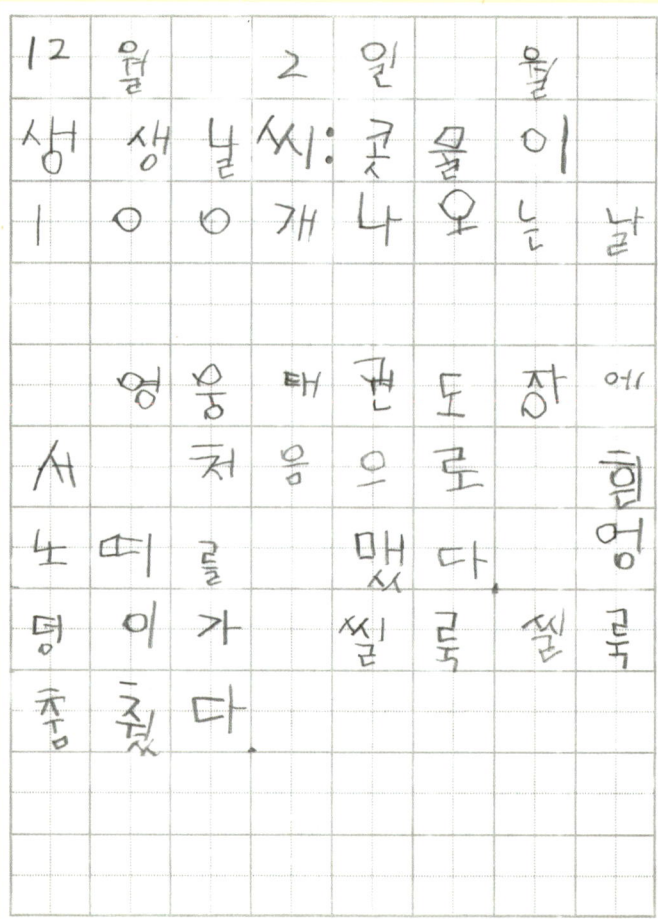

★TIP

1. '좋았다.', '행복했다.'라는 느낌을 생각하면 내 몸이 어떻게 변화하는지, 어떻게 움직이는지, 어떻게 느끼는지 표현하게 해 보세요.
2. 감정 안에 또 다른 감정들이 들어 있다는 것을 알게 되면 훨씬 더 다양하게 감정을 표현할 수 있고, 자기의 감정을 더 자세히 표현할 수 있어요.

024 일차 | '맛있다.'라는 표현으로는 부족해.

생각 톡톡 질문

1. 맛있는 음식을 먹으면 너는 어떤 표정을 지을까?
2. 맛있는 음식을 먹을 때 너는 어떤 소리를 낼까?
3. 맛있는 음식을 먹을 때 네 몸은 어떤 춤을 출까?
4. 맛있는 음식을 먹을 때 네 몸은 어떻게 변할까?

12	월	3	일	화 요	일
생	생	날	씨: 함	박 눈	이
펑	펑	내	린	날	
제	목 :	감	동	찌	개
	엄	마	표 김	치 찌	개
를		먹	었 다. 내	가	사
르	륵	녹	았 다.		

 ★TIP

1. 음식을 만든 사람이 어떤 말을 들으면 기분이 좋아질지 이야기를 나눠 보세요.
2. 맛있는 음식을 먹으면 우리 몸이 어떻게 변하는지 생각해 보세요.
3. 맛있는 음식을 먹으면 우리 마음에 어떤 변화가 일어나는지 생각해 보세요.
4. 아이가 표현에 서투르다면 엄마가 먼저 표현해 주세요.

025 일차 | 새로운 감정 표현 배우기

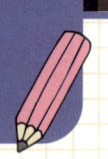

생각 톡톡 질문

1. 누군가를 도와준 일이 있었니?
2. 누군가를 도와주면 어떤 마음이 드니?
3. 누군가를 도와주면 가슴에 어떤 마음이 가득 차는 것 같니?
4. 누군가에게 도움을 받으면 어떤 마음이 드니?

```
12월 4일  수요일
생생날씨: 안개가
푹푹 낀 날
제목: 태권라면
태권도에 라면을 가
져갔다. 왜냐하면
어려운 사람들을
도와주기 위해서
이다. 그래서 마
음이 훈훈했다.
```

★TIP

① 아이들은 많은 감정을 느끼지만 감정을 표현하는 단어들을 잘 몰라서 표현을 단순하게 해요. 아이들에게 여러 가지 감정을 표현하는 단어를 알려 주세요.

② 아이들은 감정을 표현하는 새로운 단어를 알게 되면 몹시 흥미로워해요.

③ 평소에 감정을 표현하는 단어를 많이 사용하면 아이가 감정 단어를 쉽게 익힐 수 있어요.

026일차 | 왜냐하면 일기

생각 톡톡 질문

1. 너는 빨리 어른이 되고 싶니? 왜?
2. 너는 노는 게 좋아? 왜?
3. 너는 치킨이 좋아? 왜?
4. 너는 엄마가 좋아? 왜?

12	월	5	일	목	요	일
생	생	날	씨	앨	사	람
친	구		하	는		날
	빨	리		어	른	이
되	고	싶	다.	이	유	는
아	빠	가		되	어	서
아	들	에	게		애	기
해	줄	게		너	무	너 무
많	기		때	문	이	다.
특	히		간	식	애	기!!!

★TIP

1. 아이들은 "왜?"라는 질문을 수없이 하지요. 반대로 아이들에게 "왜?"라고 질문해 보세요.
2. '그냥~' 같은 이유 말고 뭔가 납득이 되는 이유를 말해 달라고 하세요.
3. 그 이유를 일기에 쓰면 '왜냐하면'으로 시작해서 '때문이다.'로 끝나는 일기가 돼요.
4. 엉뚱하고 웃음이 나더라도 괜찮은 이유라고 해 주세요. 글쓰기에는 정답이 없으니까요.

027 일차 | 일기 속에서 말하기

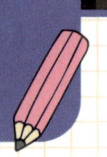

 생각 톡톡 질문

1. 너에게 선물을 준 사람에게 하고 싶은 말은?
2. 너에게 맛있는 음식을 보내준 사람에게 하고 싶은 말은?
3. 사랑이 담긴 선물을 받으면 기분이 어떠니?
4. '선물은 ○○이다.'라고 표현한다면?

12	월		6	일		금	요	일
생	생	날	씨:	나	무	가		
바	들	바	들		승	규	는	
후	덜	덜						
	제	주	도	에	서		비	
행	기		타	고		온		
감	귤	을		먹	었	다	,	
옥	분	이		할	머	니	!	
귤		또		보	내	주	세	
요	♡	THANKU	♡					

 ★TIP

① 진짜로 말하는 것처럼 일기를 써 보세요.
② 큰따옴표를 활용하면 내가 하고자 하는 말이 더 잘 표현되는 장점이 있어요.
③ 아이가 자기 생각을 솔직하게 쓰는 것을 부끄러워할 수 있으니 "보지 않을 테니 편하게 써."라고 해 주세요.

028 일차 | 꼭 100점이 만점일 필요는 없다.

생각 톡톡 질문

1. 미용실 하면 뭐가 떠오르니?
2. 미용실은 뭐 하는 곳이니?
3. 미용실을 다녀오면 기분이 어떠니?
4. 네 머리를 손질해 준 사람에게 점수를 준다면?

12월 7일 토요일
생생날씨: 해님이 흐리흐리 쿨쿨
나만의 제목: 윙윙 변신중

바람이 쌩쌩 부는 오후에 이발을 했다. 우리집 화장실이 미용실이다. 미용사는 우리아빠다. 컷트점수는 205점이다. 최고점수다.

★TIP

1. 아이의 글씨 크기와 양에 맞는 노트를 찾아보거나 직접 만들어 주세요.
2. 일기를 쓸 때마다 '나는 오늘' 말고 무엇으로 시작할 수 있을지 물어보고 이야기해 보세요.
3. 놀이를 할 때, 음식을 먹을 때, 어디를 갈 때 점수를 매기는 일이 종종 있는데 이때 100점이 만점이라고 정하지 마세요. 아이들은 상상하지도 못할 점수를 이야기하기도 해요.

029 일차 | 구체적인 감정 표현

생각 톡톡 질문
1. 이 건물은 마치 뭐 같아?
2. 위에서 아래를 내려다보니 기분이 어때?
3. 높은 곳에서 아래를 내려다보니 가슴이 어떻게 뛰어?
4. 신기한 기분이 들 때 네 눈(입)은 어떤 모습일까?

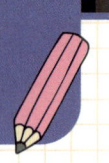

12월 8일 일요일
생생날씨: 바람이 태풍도 하는날
나만의 제목: 100 100타워

드디어 오늘 롯
데타워에 갔다. 31
층 카페에 갔더니
아파트 60층 같았
다. 조마조마 쿵쿵
신기했다.

 ★TIP

① 처음 가 보는 곳은 동영상을 찍어서 느낌을 기록하는 것도 좋은 방법이에요.
② '신기했다.'라는 감정을 조금 더 구체적으로 표현해 보세요. '신기했다.'라는 감정 앞에 수식어를 붙여 주거나, 2가지 감정으로 나누어서 표현하면 돼요. 예) 놀랍고 굉장했다. / 대단하고 엄청났다.

030 일차 | 귀를 쫑긋

생각 톡톡 질문
1. 악기를 만질 때 어떤 느낌이 들었어?
2. 악기 연주할 때 어떤 소리가 났어?
3. 연주 소리를 들으니 기분이 어땠어?
4. 연주 소리를 듣고 귀가 뭐 하는 것 같았어?

12월 9일 월요일
생생날씨: 미세먼지가 지구를 삼킨날
나만의 제목: 솔솔 힘내라!!!

유치원에서 핸드벨 연주를 했다. 땡땡땡땡 뚜르르르릉 종소리가 귀를 웃기게 해주었다. 나는 솔이다.

솔 화이팅!!!

 **TIP**
1. 유치원(학교)에서 악기를 연주한 날은 조금 특별한 날일 수 있으니 궁금해하며 물어봐 주세요.
2. 아이가 이야기한 것에 "왜?", "어떻게?", "정말?" 등의 말로 적극적으로 반응해 주세요.
3. 나에게 해 주고 싶은 말을 쓰는 것도 감정을 표현하는 데 좋아요.

031일차 | 동시도 일기다!

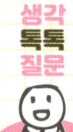 **생각 톡톡 질문**

1. 주변 물건 중에서 어떤 것을 동시의 주인공으로 해 볼까?
2. 동시의 주인공은 무얼 하고 있을까?
3. 동시의 주인공은 지금 기분이 어떨까?
4. 동시의 주인공은 지금 뭐라고 말하고 있을까?

12월 10일 화요일
생생날씨: 미세먼지가 무서워서 도망간 날
나만의 제목: 황당연필

```
              지은이 강승규

    툭    하고
    부러졌다.

    이빨   빠진
    내    연필이

    황당해    보인다
```

★ **동시 쓰기 TIP**

1. 중간 배열로 씁니다.
2. 긴 문장보다는 간결하게 씁니다.
3. 연과 행을 구분해서 씁니다.
4. 장면이 상상되게 씁니다.
5. 흉내 내는 말도 씁니다.
6. 동시의 주인공이 마치 살아 있는 것처럼 상상해서 씁니다.
7. 제목과 지은이를 씁니다.

 ★TIP

① 문장 쓰기를 힘들어할 때는 간단하면서 나의 감정을 표현할 수 있는 동시를 쓸 수 있게 해 주세요.
② 동시 쓰는 방법을 알려 주고 지은이에 자기 이름을 써서 마치 시인이 된 느낌을 가지게 해 주세요.
③ 짧게 쓸 수 있어서 동시 일기만 쓰고 싶어 할 수 있으니 횟수를 조절해 주세요.
④ 그림도 그려서 멋진 시화로 완성해 보세요.

032일차 | 여러 가지 맛

생각 톡톡 질문

1. 오늘 먹은 음식이랑 맛이 닮은 음식은?
2. 오늘 먹은 음식은 무슨 맛 같아?
3. 오늘 먹은 음식은 무슨 맛이 부족한 것 같아?
4. 너는 어떤 맛을 가장 좋아하니? 그 이유는?

12월 11일 수요일
생생날씨: 낮에는 미세먼지가 최악
나만의 제목: 설탕이 필요해!!!

자연드림 요거트에서 수돗물 맛이 난다. 단맛은 집에 가나보다. 얼른 내 입 안으로 돌아오면 좋겠다.

 **TIP**

① 음식마다 모양, 냄새, 맛, 느낌 등이 다르지요. 다른 점을 구분하며 느낄 수 있도록 질문해 주세요.
② 좋아하는(싫어하는) 음식이 있다면 왜 좋아하는지(싫어하는지) 그 이유를 물어보세요.
③ 음식의 맛을 '달콤하다, 짭짤하다, 고소하다, 맵다' 등으로만 표현할 필요는 없어요. 아이가 느끼는 그대로 표현하게 해 주세요. 만약 똥맛 같다고 한다면 그대로 쓰게 해 주세요.

033 일차 | 편지가 주는 기쁨

생각 톡톡 질문

1. 쪽지나 카드, 편지를 받으면 기분이 어때?
2. 하트 편지를 받는다면 마음에 뭐가 가득 찰까?
3. '좋았다.' 말고 어떤 감정 표현이 있을까?
4. '좋았다.'라는 표현을 꾸며 줄 수 있는 말은 무엇이 있을까?

---

12 월 12일   목 요일
생생날씨: 코에서 고드름 나오는 날
나만의 제목: 비밀하트

유치원에서 이번 이 편지를 써 주어서 열었 다. 비뚤하크 가 기분은 까? 그래도 흐뭇하다.

 ★TIP

① 쪽지, 카드, 편지 등 다른 사람의 생각이 담긴 글을 받으면 기분이 좋지요. 아이에게 가벼운 쪽지를 써서 자주 전달해 주세요.
② 편지를 받으면 꼭 답장을 쓸 수 있도록 도와주세요.
③ '기분이 좋았다.' 말고 쓸 수 있는 여러 가지 표현을 알려 주세요.
예) 즐거웠다. / 재미있었다. / 설렜다. / 흐뭇했다. / 기뻤다. / 신났다.

034일차 | 비밀은 제목에!

생각 톡톡 질문
1. 할머니는 어떤 동물(꽃)을 닮았어?
2. 할머니의 특별한 능력은 무엇일까?
3. 할머니를 보면 떠오르는 흉내 내는 말은?
4. 할머니의 별명을 지어 준다면? 그 별명을 지은 이유는?

12월 13일 금요일
생생날씨: 겨울바람이 슝슝
나만의 제목: 백발미인

우리 증조할머니 나이는 바로바로 100살이다 대박!!! 머리카락은 회색이고 눈썹은 검은색이다 나는 106살까지 살고 싶다.

 ★TIP

① 인물 관찰 일기를 쓸 때는 머리 스타일은 어떤지, 눈썹은 어떤지, 코는 어떻게 생겼고, 앞니는 어떤지 등 자세히 관찰해야 해요.
② 그 사람에게만 있는 특별한 능력이나 특징을 찾아보세요.
③ 인물 관찰 일기의 꽃은 별명 짓기예요. 별명은 그 사람을 대표하는 단어이므로 별명 짓기는 요점을 뽑는 활동의 기초 단계라고 할 수 있어요.

035 일차 | 동시의 힘

생각 톡톡 질문
1. 콧물을 생각하면 떠오르는 흉내 내는 말은?
2. 콧물은 뭐 같아?
3. 콧물은 왜 생길까?
4. 콧물의 별명을 짓는다면?

12월 14일 토요일
생생날씨: 낮에는 보들보들 밤에는 후들후들
나만의 제목: 콧물파티
지은이: 강승규

끈적끈적 쿵쿵
내 코에는
지렁이가 산다

노랑노랑 통통
내 코에는
액체괴물 산다

감기야, 멈춰라!!!

★TIP

① 아이가 일기 쓰기를 힘들어하거나 몸 상태가 좋지 않을 때는 억지로 글을 쓰게 하지 마세요.
② 아이가 자기의 생각이나 느낌을 이야기해 주면 엄마가 대신 써 주는 것도 좋아요.
③ 긴 문장으로 쓰지 않아도 되는 동시를 쓰자고 제안하면 훨씬 간결하게 쓰는 글이라 보통의 일기보다는 쉽다고 생각한답니다.

036 일차 | 감정 나누기

생각 톡톡 질문

1. 도미노 만들 때 어떤 기분이 들었니?
2. 다 만들고 나니 어떤 기분이 들었니?
3. 그 기분을 둘로 나누어 볼까?
4. '통쾌하다.'라는 감정은 언제 쓸 수 있을까?

12월 5일 일요일
생생날씨: 구름은 솜사탕 대잔치
나만의 제목: 도르르르 도도독

아침 햇살에 눈
비비고 일어나
도미노를 했다. 만들
때는 힘들었지만
도미노가 쓰러질 때
는 신기하고 통쾌
했다.

TIP

① 일기 쓸 때 길게 쓰려면 '감정 나누기' 방법을 사용하세요.
② '좋았다.'를 2개로 나누면 '신나고 행복했다.'가 되고, '슬펐다.'를 2개로 나누면 '속상하고 힘들었다.'가 될 수 있어요.
③ 하나의 감정 안에 수많은 감정이 들어 있다는 것을 알려 주세요.

037일차 | 동요로 감정 표현하기

생각 톡톡 질문

1. 간식을 먹으니까 어떤 노래가 생각나니?
2. 그 노래의 어떤 부분이 네 기분이랑 닮았니?
3. 간식을 먹으니 네 몸의 어디가 가장 많이 변하는 것 같아?
4. 맛있을 때 네 혀는 어떤 노래를 부를까?

12월 16일 월요일
생생 날씨: 포근 포근 봄이 왔나?
나만의 제목: 가물길은 불량길

저녁을 먹자 마자
불량식품을 먹었다.
아품곡, 차카니, 씨
씨, 맥주 사탕 중에
서 맥주 사탕을 먹
었더니 맥주 맛이
안 나고 혀 바닥이
노랗게 노랗게 물들
었네.

 ★TIP

① 감정을 표현할 때 동요를 활용하면 훨씬 쉽게 표현할 수 있어요.
② 하고 싶은 말도 동요를 빌려 더 재미나게 표현할 수 있어요. 예) 아빠 힘내세요 / 꼬마 눈사람

038 일차 | 하고 싶은 말 대잔치

 **생각 톡톡 질문**

1. 크리스마스를 떠올리면 어떤 감정이 생겨?
2. 크리스마스에 어떤 선물을 받고 싶니?
3. 보이지 않는 선물을 받는다면 어떤 선물을 받고 싶니?
4. 산타할아버지께 하고 싶은 말은?

12월 ㅆ일 화요일
생생날씨: 해님이 쿨쿨
나만의 제목: 오나 크리스마스

다음 주에는 기쁨
폭탄 크리스마스다.
산타할아버지가 군
대놀이 장난감을
선물해주시면 좋겠
다. 할아버지!!!!!
제 마음 아시죠??!

산타오나5

 ★TIP

① 아이의 생각이나 감정, 아이가 하고 싶은 이야기를 솔직하게 쓸 수 있도록 도와주세요.
② 보지 않을 테니 비밀스럽게 쓰라고 하면 더 열심히 쓸 거예요.
③ 맞춤법이 조금 틀려도 괜찮아요. 마음을 표현한 것에 더 중점을 두고 반응해 주세요.

039 일차 | 택배는 기쁨이야!

생각 톡톡 질문

1. 택배를 기다리는 기분이 어때?
2. 택배가 오지 않으니 기분이 어때?
3. 택배를 받으니 기분이 어때?
4. 그 택배는 누가 어떤 마음을 담아서 보낸 걸까?

12월 18일 수요일
생생날씨: 구름이 둥둥 바람이 솔솔
나만의 제목: 발가락을 부탁해♡♡!

그저께 집으로 신발이 왔다. 아빠가 내 발이 꽁꽁 얼사 어 버릴까 봐 그 주셨다. 그리고 신발을 오늘 처음 신었다. 점말 보 발 가락이 따끈따끈 편안 해다.

★TIP

① 요즘 아이들이 기뻐하는 일 중 하나는 집으로 자기 물건이 배달되는 일이지요. 오늘 주문했는데 언제 오느냐고 물어보고, 오지 않으면 왜 안 오냐고 하지요. 사소하게 여겼지만 아이들의 감정이 급변하는 일들을 일기로 쓸 수 있도록 해 주세요.

② 택배를 기다리는 마음, 택배가 오지 않을 때의 마음, 택배를 받았을 때의 마음 변화를 일기에 써 보세요.

040 일차 | 상상의 맛

생각 톡톡 질문

1. 이 음식은 방귀 맛이야? 응가 맛이야?
2. 먹을 때 어떤 방귀 소리가 나니?
3. 먹을 때 어떤 응가 맛이 나니?
4. 이 음식의 별명을 지어 준다면?

---

12 월 19 일 목 요일
생생날씨 : 바람이 휘~휘~ 휘파람 부는 날
나만의 제목 : 방구 비타민

엄마가 준 코알라 모양 비타민을 먹었더니 방구 맛이 났다. 그래서 깔깔 프시시식 웃음이 터졌다.

엄마가 방귀를 꼈나!!!??

 ★TIP

① 아이들이 좋아하는 방귀, 똥, 오줌, 똥꼬 등의 단어를 활용해서 표현할 수 있도록 해 보세요.
② 조금 더 웃기고 재미나게 표현할 수 있도록 해 주세요.
③ 먹어 보지는 않았지만 상상하며 맛을 표현하는 그 자체가 즐거운 일이 돼요.
④ 강조하고 싶은 말은 크게 쓰거나, 두 칸을 사용해서 쓰게 해 주세요.

041일차 | 알게 모르게 비유법 사용하기

생각 톡톡 질문

1. 대구는 얼마나 먼 것 같아?
2. 대구는 달나라보다 멀까? 꿈나라보다 멀까?
3. 대구 갈 때 마음에 어떤 감정이 가득 찼니?
4. 대구에 도착하니 마음이 어때?

12월 26일 금요일
생생날씨: 나무가 바들바들 오들오들
나만의 제목: 흐뭇한 대구

유치원이 끝나고
대구로 출발했다.
대구는 엄청 멀고
우주보다 먼 것 같
았다.   뻔했
       기절할   도착하
다 그래도   살것같았
    후유~

 **TIP**

① 비유법을 쓰면 훨씬 더 정확하게 표현할 수 있어요. 대표적인 비유법은 '마치', '~같이', '~처럼'으로 표현하는 직유법이에요.

② "대구는 어때?"보다는 "대구는 어디보다 먼 것 같아?"라고 물어보면 아이가 조금 더 구체적으로 표현할 단어를 찾게 돼요.

③ 단어를 바로 생각하지 못하면 객관식 문제처럼 보기를 주고 고를 수 있게 해 주세요.

042 일차 | 비유법 익히기

생각 톡톡 질문

1. 할머니집(이모집, 삼촌집, 친구집)에 오니 어디에 온 느낌이야?
2. 우리 집 말고 다른 집에 오니 좋은 점은 뭐야?
3. 우리 집 말고 다른 집에 오니 안 좋은 점은 뭐야?
4. 오늘 온 곳을 한마디로 표현한다면?

12월 21일 토요일
생생날씨: 바람이 훙훙 달리기 하는 날
나만의제목: 우주 대구

대구에서 하룻밤을 잤다. 자고 일어나니 장난감이 생겼다. 그리고 할머니의 우주보다 크게 맛있는 밥을 먹었다.

대구는 우주다!!

 ★TIP

① 비유법을 한 번 사용했다면 자기 것으로 만들 수 있도록 잊기 전에 또 사용할 수 있게 해 주세요.
② 아이들은 이미 날씨를 쓰면서 비유법의 꽃인 의인법을 사용하고 있어요. 날씨를 생동감 있게 표현하는 가장 좋은 방법은 단연 의인법이에요.

043일차 | 그림은 빈칸 채우기의 멋진 재료

생각 톡톡 질문

1. 오늘은 어떤 날인지 알고 있니?
2. 오늘을 왜 그날로 정했을까?
3. 오늘은 왜 그 음식을 먹을까?

*특별한 날에 관한 책을 함께 읽어 준다면 훨씬 알찬 일기 쓰기 시간이 될 거예요.

12월 22일 일요일
생생날씨: 그렇게 춥진 않았음.
나만의 제목: 언제 밤이 긴 날까

귀	신	이		출	근		순
비		할		때	쯤		집	에
도	착	했	다	.		그	리	고
팥	죽	을			먹	었	다		동
지	라	서			먹	었	지	만
맛	은		좋	고	였	다	.

★TIP

1. 뭔가 특별한 날이라면 글감 고르기가 훨씬 쉬워요.
2. 고른 글감으로 술술 일기를 쓸 수 있도록 아이에게 질문을 하고 감정도 표현해 주세요.
3. 아이가 글이 너무 짧게 끝나서 빈칸을 신경 쓰여 한다면 그림을 그리게 해 주세요.

044일차 | 흉내 내는 말 만들기

생각 톡톡 질문

1. 기침할 때 어떤 소리가 날까?
2. 기침할 때 나는 소리를 네가 만든다면 어떤 단어일까?
3. 기침이 자주 날 때 기침들은 무엇을 하고 있을까?
4. 콧물이 많이 날 때 콧물은 무엇을 하고 있을까?

12월 23일 월요일
생생날씨: 미세먼지가 우루루 돌아다닌날
나만의제목: 기침파티

어둑어둑 슬그머
니 달님이 등장할
때쯤 나는 미세면
지와 싸웠다 에취
에취 콜록콜록 기침
댄스파티시작되었
다 파티가 재미없
다

 **TIP**

1. 흉내 내는 말은 표현을 조금 더 멋지게 바꾸어 주어요. 그런데 아이들은 흉내 내는 단어를 잘 몰라요. 하지만 걱정하지 마세요. 흉내 내는 말을 직접 만들면 되니까요.
2. 사전에 없는 말이라도 아이가 들은 소리를 그대로 표현하는 것도 좋아요.
3. 흉내 내는 말에 살을 조금 붙여 보세요. 예) 깡충깡충→깡총총 깡총총

045 일차 | 궁금한 건 못 참아!

생각 톡톡 질문

1. 뽀로로가 살아 있을까?
2. 뽀로로가 살아 있다면 어느 세상에 있을까?
3. 뽀로로를 만난다면 꼭 해 주고 싶은 말은?

*아이가 좋아하는 장난감이 살아 있다고 생각하고 질문해 보세요!

12월 24일 화요일
생생날씨: 해님이 언 날
나만의 제목: 뽀로로는 살아 있다!!!

내가 컴퓨터를 샀는데 뽀로로가 메일을 보냈다. 어떻게 알았지??? 뽀로로가 살아 있나? 뽀로로 세상에 실제로 가보고 싶다.

① 아이들은 세상 모든 것에 호기심이 가득하지요. 궁금한 이야기를 일기로 써 보세요.
② 자료를 찾아보거나 책을 읽으며 호기심을 해결해도 좋지만 상상으로 해결해도 좋아요.

046 일차 | 두근두근 크리스마스

생각 톡톡 질문
1. 선물을 발견했을 때 기분이 어땠니?
2. 선물을 뜯어보니 기분이 어땠니?
3. 산타할아버지가 어떻게 다녀가셨을까?
4. 산타할아버지께 한마디 해 볼까?

12월 25일 수요일
생생날씨: 바람이 솔랑솔랑 부는날
나만의제목: 여기는 천국이다!!

해님이 아침밥
먹을때쯤 산타할아
버지가 두고 가신다.
선물을 발견했다.
가슴이 두근두근
콩닥닥 설레였다.
뚱뚱보 호빵산타
할아버지의 편지도
받고 천국의 날이
였다.

 ★TIP

1. 크리스마스라면 일기를 쓰지 않던 아이들도 마음껏 감정을 쏟아내어 일기를 쓸 수 있어요.
2. 혹시 크리스마스 다음 날 속상한 아침을 맞이했다면 그것도 글감이 될 수 있어요. 일기는 늘 행복한 일만 쓰는 것이 아니니까요.
3. 크리스마스, 선물, 산타할아버지에 대한 생각 등을 편하게 쓸 수 있도록 해 주세요.

047 일차 | 장염이 너무해!

 **생각 톡톡 질문**

1. 배가 아파 화장실을 갔더니 어떤 상황이 벌어졌니?
2. 응가가 어떤 소리를 내며 나왔니?
3. 똥꼬 상황이 어떠니?
4. 배가 아픈 이유가 뭐라고 생각하니?

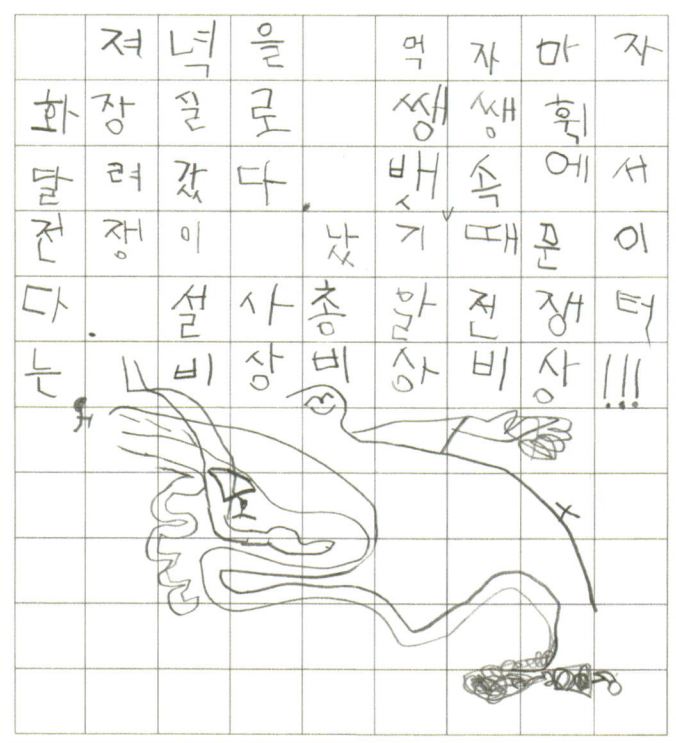

12월 26일 목요일
생생날씨: 비가 찔끔끔
나만의 제목: 비와 똥꼬

저	녁	을		먹	자	마	자
화	장	실	로		쌩	쌩	휙
달	려	갔	다 .		뱃	속	에	서
전	쟁	이		났	기	때	문	이
다 .		설	사	총	알	전	쟁	터
는		비	상	비	상	비	상	!!!

 ★TIP

① 아이들이 한 번쯤 겪는 장염, 설사 등은 평범한 일이 아니라서 좋은 글감이 될 수 있어요.
② 강렬한 경험은 질문을 구체적으로 하지 않아도 아이가 줄줄 이야기하니 열심히 들어 주고 호응해 주며 일기로 쓸 수 있게 연결해 주세요.
③ 띄어쓰기가 힘든 친구들은 소리 내 읽어 보라고 하면 쉽게 수정할 수 있어요.

048일차 | 행복한 방학 시작!

생각 톡톡 질문

1. 방학이 시작되니 기분이 어때?
2. 방학이 시작되니 마음에 무엇이 가득 찬 것 같아?
3. 방학 때 가장 하고 싶은 일 3가지를 꼽아 볼래? 그 이유는?
4. 방학이 너에게 주는 것 3가지는?

12월 27일 금요일
생생날씨: 바람이 얼얼 쫑쫑
나만의제목: 행복 시작

드디어 방학을 시작했다. 내자신이 뿌듯했다. 그리고 기분이 방울방울 행복했다.

 ★TIP

① 방학이 시작되었으니 탄탄한 계획으로 아이와 함께 일기 쓰기 챌린지를 시작해 보세요.
② 뭔가 호기심이 들면서 도전하고 싶은 계획을 세워 주세요.
③ 계획을 세울 때는 아이와 함께 목표나 보상을 정해 보세요.

049일차 | 세상에는 맛있는 음식이 너무 많아.

생각 톡톡 질문

1. 처음 먹는 음식 맛이 어떠니?
2. 이 음식의 특별한 점을 찾아본다면?
3. 음식을 먹으면서 가장 재미있었던 점은?
4. 음식을 먹으면서 기분이 어떻게 바뀌었니?

12월 28일 토요일
생생날씨: 바람이 둥둥
나만의 제목: 월밥 3

	월	남	쌈	을		우	걱	우
걱		둘	도	로	도	로		말
아	서		저	녁	을		먹	었
다	.		그	랬	더	니		힘	이
울	긋	불	긋		팡	~	솟	아
났	다	.	흐	뭇	했	다	.		

★TIP

① 세상에는 맛있는 음식이 너무나 많아요. 아이와 새로운 음식에 도전해 보세요.

② 먹는 방법을 몰라서 헤매고, 맛이 이상해서 양껏 못 먹고, 매운 음식인 줄 모르고 먹었다가 힘들어했던 일들은 지나고 나면 즐거운 추억이 되어요.

③ 음식을 먹을 때 먹방처럼 동영상을 찍으면 더 웃기고 신나는 시간이 될 수 있어요.

050 일차 | 흉내 내는 말 늘리기

1. '기분이 좋다.'라는 말에 흉내 내는 말을 넣어 본다면?
   예) 콩닥콩닥 기분이 좋다. / 히히헤헤 기분이 좋다.
2. '히히헤헤 기분이 좋다.'에서 흉내 내는 말을 늘려 본다면?
   예) 히히히 헤헤헤 호호호 우히휘휘 기분이 좋다.

12월 29일   월요일
생생날씨: 빗방울이 타다닥 타다닥
나만의제목: 제주 할아버지 내일 만나요!!

드디어 내일 펑
화의섬 제주도로 웃
간다. 그래서 음
이 킥킥 나오고
두근 세근 네근 다섯근
가슴이 떨린다.

① 흉내 내는 말은 일기를 더 재미나고 생동감 있게 표현할 수 있는 조미료 역할을 해요. 길게 쓸 수 있는 방법이기도 하고요.

② 흉내 내는 말이 갑자기 생각나지 않고 한 글자만 떠오른다면 그 말을 늘려 보세요. 엉뚱해도 좋고 이 세상에 존재하지 않는 말이어도 좋아요.

051일차 | 여행 시작!

생각 톡톡 질문

1. 여행을 준비할 때 마음속에 어떤 감정이 가득해?
2. 여행을 준비할 때 가슴은 어떻게 뛰어?
3. 여행을 갈 때 자동차(버스, 기차, 배, 비행기)는 어떤 기분일까?
4. 여행지에 도착했을 때 가슴이 뭐라고 얘기하니?

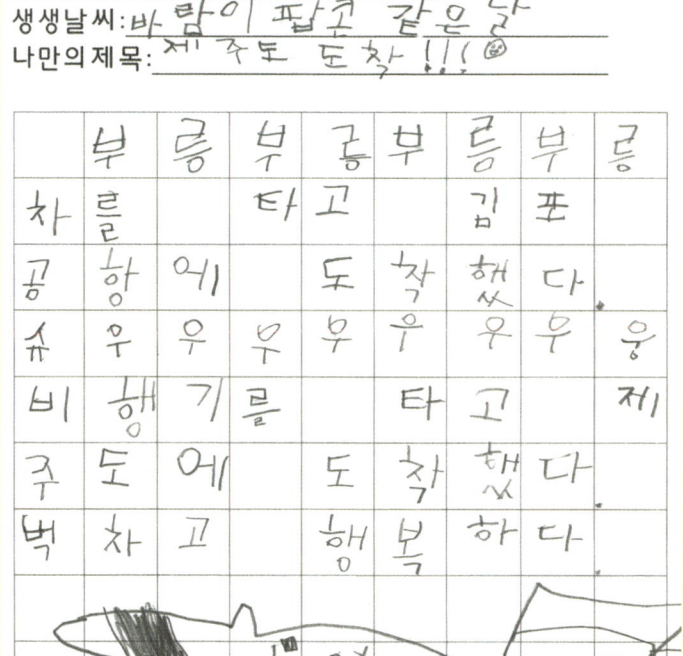

12월 30일 월요일
생생날씨: 바람이 팝콘 같은 날
나만의 제목: 제주도 도착!!!

부릉부릉부릉부릉
차를 타고 김포
공항에 도착했다.
슈우우우우우웅
비행기를 타고 제
주도에 도착했다.
벅차고 행복하다.

t'way 제주

 **TIP**

① 아이들에게 여행은 선물 같은 시간이 될 거예요. 짧더라도 종종 여행을 선물해 주세요.
② 흉내 내는 말을 늘리는 방법을 한 번 해 보았다면 마음껏 늘리며 자주 활용할 수 있도록 해 주세요.

052일차 | 여섯 살 잘 가!

생각 톡톡 질문

1. 한 살 더 먹는다고 생각하니 기분이 어때?
2. 한 살 더 먹은 너에게 해 주고 싶은 말은?
3. 한 살 더 먹은 네가 듣고 싶은 말은?
4. 한 살 더 먹은 사람들에게 해 주고 싶은 말은?

12월 31일 화요일
생생날씨: 제주도에 냉동 바람분날
나만의제목: 힘내요 2020

오	늘	밤	12	시	가
되	면	씩씩		일	곱	살
이	다	.	일	곱	살	이	되
편		제	일		먼	저	모
든	사	람	안	테	힘	내	요
라	고		말	하	고	싶	다

 ★TIP

① 한 살 더 먹는 날은 어떤 날보다 특별하고 의미 있는 날이에요. 함께 아이의 성장을 축하하고 기뻐해 주세요.
② 진정한 일곱(여덟, 아홉) 살이 될 수 있도록 칭찬과 격려로 아이에게 용기를 주세요.
③ 아이가 다른 사람에게도 사랑과 희망을 전달할 수 있도록 도와주세요.

053일차 | 퀴즈 박사

생각 톡톡 질문

1. 퀴즈를 잘 내는 사람은 무얼 먹은 걸까?
2. 퀴즈를 잘 내고 싶으면 무엇을 하면 좋을까?
3. 제일 기억나는 퀴즈는?
4. 제일 재미있었던 퀴즈는?

 ★TIP

① 아이들과 친해지는 방법 중 하나는 퀴즈 내기랍니다. 넌센스 퀴즈 몇 가지만 알고 있으면 처음 만난 아이들과도 쉽게 친해질 수 있어요.

② 퀴즈는 아이들의 호기심을 자극하고, 생각하는 힘도 길러 주고, 재미있는 시간도 선물해 주어요.

054일차 | 아프지 말자.

생각 톡톡 질문

1. 아파서 병원에 가니 기분이 어땠니?
2. 주사를 맞고 피를 뽑을 때 어땠어?
3. 병원 침대에 누워서 어떤 생각을 했어?
4. 다 나으면 제일 하고 싶은 게 뭐였어?

1월 2일 목요일
생생날씨: 주름이 태권도 하는 날
나만의 제목: 승규 똥 싸나가라

아침부터 기절하듯이 힘들었다. 별별 누워 한국 병원에 결입원했다. 무서운 시간을 보냈다. 다행히도 뽑았지금은 ㅎㅎ

TIP

① 아이가 아파서 병원에 입원까지 했다면 사건 중의 사건이 아닐 수 없지요. 그럴 때에는 상황이 조금 나아진 후에 그때를 기억하면서 일기를 쓸 수 있도록 해 주세요.

② 다른 사람이 아팠을 때는 어떤 기분이었는지를 써 보게 하는 것도 좋아요.

055일차 | 음식들의 댄스파티

생각 톡톡 질문

1. 음식들이 입안에서 무얼 하고 있는 걸까?
2. 음식들이 입안에서 무슨 춤을 추고 있는 걸까?
3. 음식을 먹으니 어떤 말이 술술 나오니?
4. 음식을 먹으니 어떤 힘이 생기니?

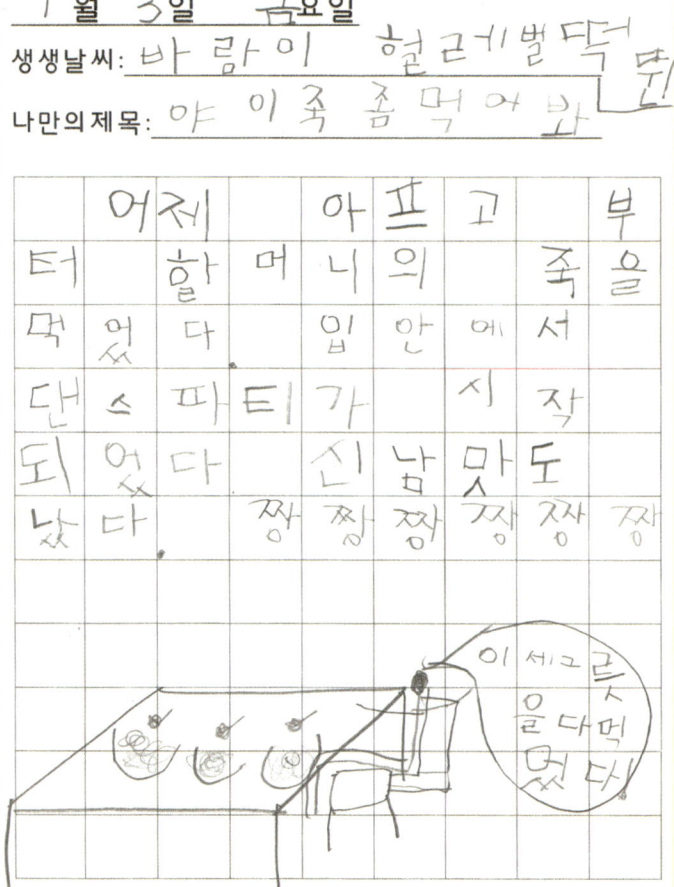

★TIP

① "음식들이 입안에서 뭐 하는 것 같아?"라고 질문하면 아이들은 "씹히고 있어요.", "뭉개지고 있어요.", "잘리고 있어요." 등 사실적인 대답을 해요. 이럴 때 "음식들이 입안에서 무슨 춤을 추고 있는 걸까?"처럼 질문을 조금만 바꾸어 주면 표현이 통통 튀는 맛있는 일기를 쓸 수 있어요.

② 매일 똑같은 맛이라도 조금만 다르게 생각하면 쓸 수 있는 이야기가 많아져요.

056일차 | 내가 만든 흉내 내는 말

생각 톡톡 질문
1. 딸꾹질(트림)은 왜 하는 걸까?
2. 방귀는 왜 뀌는 걸까? *관련 도서를 읽어 주면 훨씬 더 알찬 일기가 될 거예요.
3. 딸꾹질하는 이유가 혹시 네 몸에 어떤 동물이 들어가서 그런 걸까?
4. 딸꾹질할 때 어떤 소리가 들렸니?

1월 4일 토요일
생생날씨: 해님이 방글방글 빙글빙글
나만의 제목: 딸꾹질파티

해님이 퇴근할때 좀 내 가슴에서 개구리가 나왔다. 30마리도 넘게 나왔다. 딸꾹했꾹애꾹

 ★TIP

1. 아이들은 딸꾹질, 트림, 방귀처럼 몸에서 나는 소리를 재미있어 해요. 그런 재미있는 소재를 적극적으로 활용해 보세요.
2. 몸에서 나는 소리를 유심히 들으며 관찰해 보면 색다르고 재미있는 일기를 쓸 수 있어요.
3. 소리를 한글로 옮기기 힘들 수 있고, 사전에도 없는 단어일 수 있지만, 무엇이든 표현할 수 있도록 해 주세요.

71

057일차 | 태어나서 처음으로 한 경험

생각 톡톡 질문

1. 처음 한다고 생각하니 기분이 어때?
2. 할 때는 어떤 마음이었니?
3. 하고 나니 어떤 기분이 들었어?
4. 오늘은 어떤 날로 정하고 싶어?

1월 5일 일요일
생생날씨: 바람이 시릭시릭
나만의 제목: 승규가 처음으로 간곳

어둑어둑 해님이 집에 갈때쯤 7년만에 처음으로 미용실에 갔다. 때머리 될까봐 걱정했는데 거울을 보니 귀여웠다.

★TIP

1. 태어나서 처음으로 한 경험이라면 사진 또는 동영상으로 기록을 남겨 주세요. 인터뷰하는 것처럼 촬영하는 것도 좋은 방법이에요.
2. 만약 사진이나 동영상을 촬영할 수 없는 상황이라면 엄마가 최대한 잘 기억해서 나중에 알려 주세요.
3. 그림을 그릴 때는 꼭 말풍선을 그리게 해 주세요. 일기에서 하지 못한 말을 말풍선에서 할 수 있답니다.

058일차 | 칭찬은 고래도 춤추게 한다.

생각 톡톡 질문
1. 칭찬은 언제 받을 수 있을까?
2. 칭찬을 받았던 경험이 있었니?
3. 열심히 노력한 일을 칭찬받는다면 기분이 어떨까?
4. 네가 칭찬하고 싶은 사람은 누구야? 어떤 칭찬을 하고 싶니?

1월 6일 월요일
생생날씨: 구름이 조다 떠는날
나만의제목: 구구단 강천재

어제는 5단 오늘은 6단을 외웠다. 너무 잘해서 할아버지께서 강천재라고 불러주셨다 그래서 기분이 엄지척!!!

 **TIP**

① 아이가 열심히 노력하는 것이 있다면, 최선을 다하는 것이 있다면 아낌없이 칭찬해 주세요.
② 칭찬받은 일을 일기로 쓰게 해 주세요. 기쁘고 신나서 일기를 쓸 거예요.
③ 칭찬받은 일을 일기에 실컷 자랑하라고 해 주세요.

059 일차 | 날씨에도 소리가 있다!

생각 톡톡 질문
1. 구름이 어디를 가고 있는 걸까?
2. 구름이 어떻게 변하고 있니?
3. 비 오는 소리가 어떻게 들리니?
4. 비가 오니 마음이 어때?

1월 17일 화요일
생생날씨: 바람 바람이랑 휘리릭 휘리릭
나만의 제목: 변신날씨

	맑은		구	름	이	오
후	가		되	더	니		뭉	게
뭉	게		비	구	름	으	로
변	신	했	다.		찌	직	직
번	개	도		치	고		타	다
다	다	다	다	닥		비	도
내	렸	다		마	음	이	쿵
쿵	해	해	캐		했	다

TIP

1. 날씨를 관찰하다 보면 여러 소리를 들을 수 있어요. 바람이나 비뿐만 아니라 구름에서도 소리가 나요.
2. 비 오는 날의 소리는 무척 다양하지요. 비가 어떻게 내리는지, 번개가 어떻게 치는지 관찰해 보세요.
3. 바로 관찰하며 일기를 쓸 수 없다면 동영상으로 촬영해 놓았다가 나중에 쓰는 것도 좋아요.

060일차 | 이보다 긴급한 상황은 없다.

생각 톡톡 질문

1. 화장실에서 응가를 쌌는데 휴지가 없으면 어떨까?
2. 휴지가 없으면 어떻게 그 상황을 해결해야 할까?
3. 아무도 도와주는 사람이 없다고 생각하면 기분이 어떠니?
4. 만약 누가 휴지를 들고 와 준다면 기분이 어떨까?

1월 8일 수요일
생생날씨: 바람이 쿵쿵 휘휘
나만의제목: 휴지 없는 나라

화	장	실	에	서	응	가
를	쌌	는	데	아	니	
이	게	뭐	야 ?	휴	지	가
없	네.	헉	헉	헉	나	
이	제	화	장	실	에	서
평	생	살	아	야	되	는
거	야???	휴~		할	머	니
가	구	해	줬	다.		

아 휴지가 없다. ㅠㅠ

 ★TIP

① 당황스러운 일이 생기면 어떻게 해야 할지 아이와 대화를 나누어 보세요.
② 아이는 엄청난 일을 경험하면 말이 많아져요. 그럴 때는 말이 많다고 뭐라고 하지 말고 그 감정을 잘 정리할 수 있도록 잘 받아주세요.
③ 긴급한 상황을 겪으면서 얻는 것도 있고 잃는 것도 있지요. 그 일을 긍정적으로 추억할 수 있도록 도와주세요.

061일차 | 키즈카페가 최고야!

생각 톡톡 질문

1. 키즈카페를 간다고 생각하니 기분이 어때?
2. 키즈카페에서 어떤 놀이를 했니?
3. 그중에서 가장 기억에 남는 놀이는? 왜?
4. 키즈카페의 이름을 지어 본다면?

★TIP

1. 아이들이 좋아하는 곳을 다녀오면 추억을 정리해 보세요.
2. 키즈카페에서 무엇을 했는지 떠올려 보세요. 가장 즐거웠던 놀이도 꼽아 보고, 왜 그런지 이유도 물어봐 주세요.
3. 키즈카페를 다녀온 날에는 사진이나 동영상을 보며 일기를 쓸 수 있도록 엄마는 항상 촬영할 준비가 되어 있어야 한답니다.

062일차 | 운동을 합시다!

생각 톡톡 질문
1. 오늘 어떤 운동을 했니?
2. 운동하니까 어떤 기분이 들었어?
3. 운동할 때 땀방울은 어땠니?
4. 운동이 너에게 준 것은?

1월 10일 금요일
생생날씨: 햇님은 수다쟁이
나만의제목: 1000을 부르는 사이

달	님	이		출	근	할	
때	쯤		운	동	을		했	다	.
연	속	돌	아	돌	아	뛰	기	,	
놀	이	팔	굽	혀	펴	기	,	아
령	들	기	,	뒤	꿈	치	들	기
등	등	등		10	가	지	를	
100	번	씩	했	다	.	땀	방	울
이		머	리	카	락	을		사
랑	하	는	것		같	았	다	.	

자전거 타기   원돌기

 ★TIP

1. 아이들은 한시도 가만있지 않고 늘 움직이지요. 뛰기, 돌기, 점프하기, 하다못해 숨쉬기까지 다 운동이에요. 아이들과 신체 활동을 한 후 일기를 써 보세요.
2. 운동할 때 동영상을 찍어 보세요. 아이가 더 열심히 운동할 수도 있고, 나중에 일기를 쓸 때 동영상을 보면서 기억을 떠올릴 수 있어요.

063 일차 | 늦잠은 천국이다.

생각 톡톡 질문

1. 왜 늦잠을 자게 되었니?
2. 늦잠을 자니까 어때?
3. 늦잠을 자니까 (안) 좋은 점은 뭐야?
4. '늦잠은 ○○다.'라고 한다면 늦잠은 뭘까?

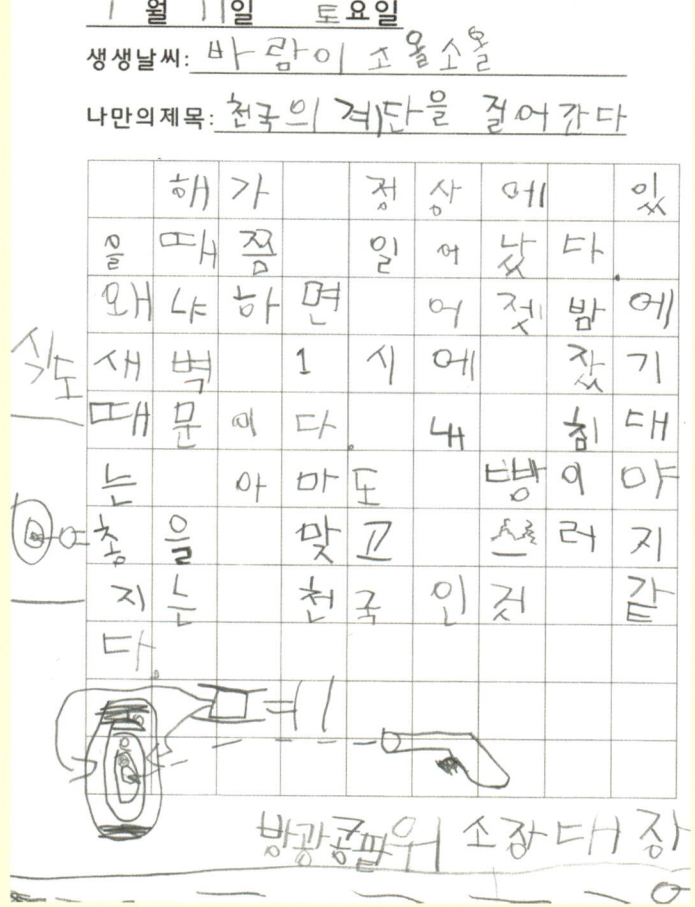

★TIP

① 아이들이 가끔 늦잠을 잘 때가 있어요. 해가 머리 꼭대기까지 올라왔는데도 한밤중일 때가 있지요. 늦잠을 소재로 일기를 써 보세요.

② 왜 늦잠을 자게 되었는지, 늦잠을 자니까 어떤지도 써 보세요.

③ '늦잠은 ○○다.'처럼 비유법으로 표현할 수 있도록 질문해 보세요.

064일차 | 공연이 주는 감동

 생각 톡톡 질문
1. 공연 보러 갈 때 마음이 어땠어?
2. 공연 볼 때 심장이 어떻게 뛰는 것 같아?
3. 공연을 보고 나니 어떤 것이 가장 기억에 남니?
4. 공연을 보고 나니까 가슴이 무엇으로 가득 찬 것 같았어?

1월 12일 일요일
생생날씨: 바람이 달리기 하냄
나만의 제목: It's Bremen time!

오후에 엄마 공연을 보러갔다. 브레멘 음악대 공연은 내 가슴을 행복과 재미로 꽉꽉 채워 주었다.

★TIP

1. 공연을 봤다면 더할 나위 없이 멋진 일기의 소재가 되어요. 이런 귀한 소재는 당일이 아니더라도 잘 보관했다가 꼭 일기로 써 주세요.
2. 공연을 보기 전에 마음이 어땠는지, 볼 때는 어땠는지, 보고 나서는 어땠는지, 이렇게 3번의 감정 변화를 물어보세요.
3. 모든 공연이 다 행복하고 재미있지만은 않을 거예요. 그런 감정도 솔직하게 쓸 수 있도록 해 주세요.

065 일차 | 신나는 체험

생각 톡톡 질문

1. 오늘 체험은 어땠니?
2. 어떤 활동이 제일 좋았니? 그 이유는?
3. 오늘의 체험은 어떤 타임이었어? 예) 으쓱 타임 / 신기방기 타임
4. 다음에 하고 싶은 체험이 있다면?

1월 13일 월요일
생생날씨: 해님이 구름뒤에! 꼭꼭숨어라
나만의 제목: 들썩 타임

고기로 배를 채우고 바다체험장에 갔다. 상어보트도 타고, 저북이도 물고기도 잡았다. 철렁찰랑 휘릭 시릭 들썩타임이었다.

은희샘 사랑해요

 **★TIP**

① 방학이나 주말에는 체험 활동을 많이 하게 되지요. 몸으로 하는 체험은 아이들에게 오래오래 기억에 남으니 일기 쓰기도 비교적 수월해요.

② 일기를 쓰기 전에 오늘의 체험에 대해 충분히 이야기를 나누면서 회상하는 시간을 가지세요.

③ 일기 내용과 어울리는 그림을 그리는 것도 기억을 조금 더 기록하고 간직하는 데 도움을 주어요.

066 일차 | 긍정 생각법

생각 톡톡 질문

1. 오늘 혹시 좋지 않은 일이 있었니?
2. 그보다 더 상황이 나빴다면 어땠을까?
3. 오늘의 좋지 않은 일은 너에게 어떤 힘을 줄까?
4. 오늘의 좋지 않은 일을 좋은 일로 바꿀 수 있을까?

1월 14일 화요일
생생날씨: 비가 벼락 친 날
나만의 제목: 황금차

엄	마	가		차	를		빌
렸	다	.		그	런	데		똥	차
였	다	.		처	음	에	는
	더	러	워	서		세	상
	황	당	했	다	.		하	지	만
	나	는		돈	이		들	어	있	는
	돈	차	라	고		생	각	할	거	다

★TIP

① 긍정적으로 사고하는 것은 아이의 정서를 편안하게 해 주고, 문제를 원활히 해결하는 능력도 키워 주지요. 그러한 모습은 부모님을 통해 배우게 되니 아이들에게 긍정적인 모습을 보여 주세요.

② 긍정적으로 생각하면 세상 모든 것에 감사한 마음을 가질 수 있어요. 넘어져서 무릎이 까졌다면 속상하지만 더 많이 다치지 않은 것에 감사하고 다음에는 더 조심해야겠다는 다짐을 하는 거예요.

067 일차 | 보고 싶은 가족

생각 톡톡 질문

1. 며칠 동안 아빠(엄마)를 못 보니 어때?
2. 오랫동안 할아버지(할머니, 삼촌, 이모)을 못 보니 어때?
3. 내일 보고 싶었던 가족을 만난다고 생각하니 어떠니?
4. 보고 싶었던 가족에게 하고 싶은 말이 있다면?

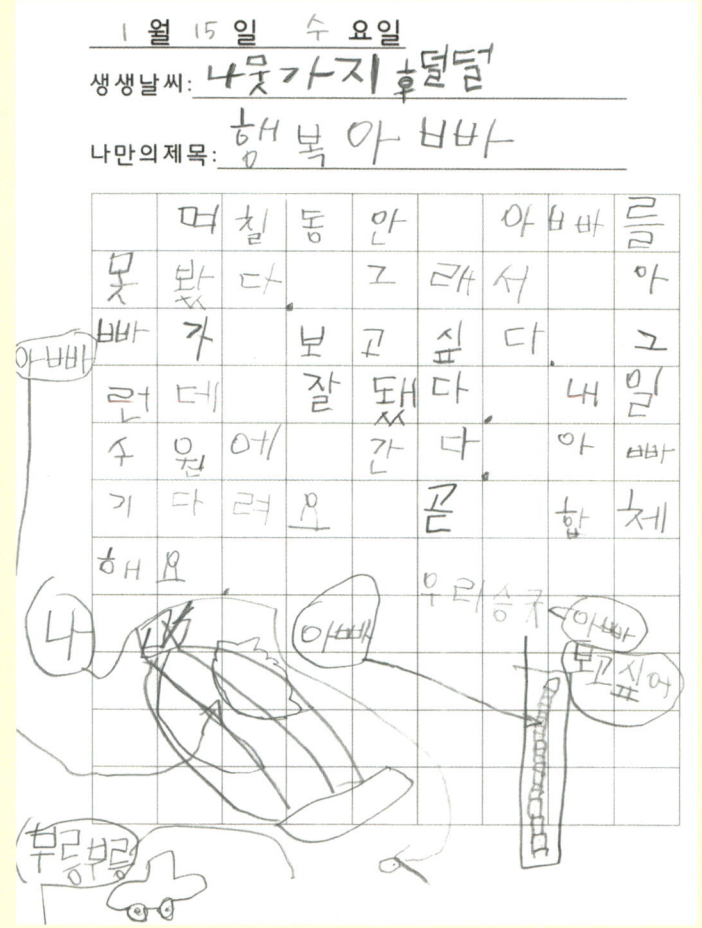

1월 15일 수요일
생생날씨: 낮은가지 후덜덜
나만의 제목: 행복아빠

며칠 동안 아빠를 못 봤다. 그래서 아빠가 보고 싶다. 그런데 잘 됐다. 내일 수원에 간다. 아빠 기다려요. 곧 합체해요.

★TIP

1. 부모님의 일 때문에 가족이 떨어져 지낼 수도 있고, 친척들도 자주 볼 수 없으니 보고픈 마음이 크지요. 가족을 오랜만에 만나기 전에 그립고 보고픈 마음을 담아서 일기를 써 보세요.
2. 가족을 못 보니 마음이 어땠는지, 본다고 생각하니 어떤지 솔직한 기분을 쓸 수 있도록 도와주세요.
3. 보고 싶은 가족을 생각하며 편지 형식으로 일기를 써도 좋아요.

068일차 | 집이 최고야!

생각 톡톡 질문

1. 여행하는 동안 어땠니?
2. 집이 그립거나 생각난 적이 있었니?
3. 여행이 끝나고 집에 오니 어때?
4. 집에 오니 어떤 기분이 팡팡 터지는 것 같니?

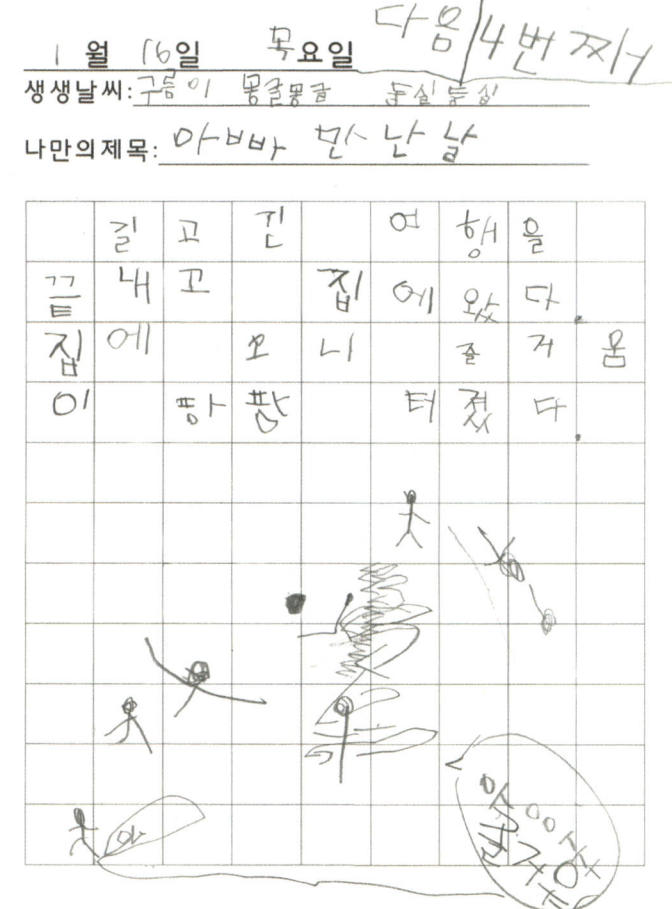

★TIP

1. 긴 여행을 하고 돌아오는 길은 조금 아쉽긴 하지만 집에 돌아오면 집이 최고란 말이 절로 나오지요. 내 집 냄새, 내 방, 내 이불을 만났을 때의 기분을 표현해 보세요.
2. 집에 오니 어떤지 아이의 마음을 그림으로 표현하는 것도 좋아요.
3. 집에 돌아오니 제일 좋은 것이 무엇인지, 다음에는 어떤 여행을 하고 싶은지 계획을 세워 보세요.

069 일차 | 보기와는 달라.

생각 톡톡 질문
1. 맛없어 보이는 반찬이 있었니?
2. 왜 맛이 없어 보였니?
3. 먹어 보니 어땠니?
4. 반찬의 이름을 새로 붙여 본다면?

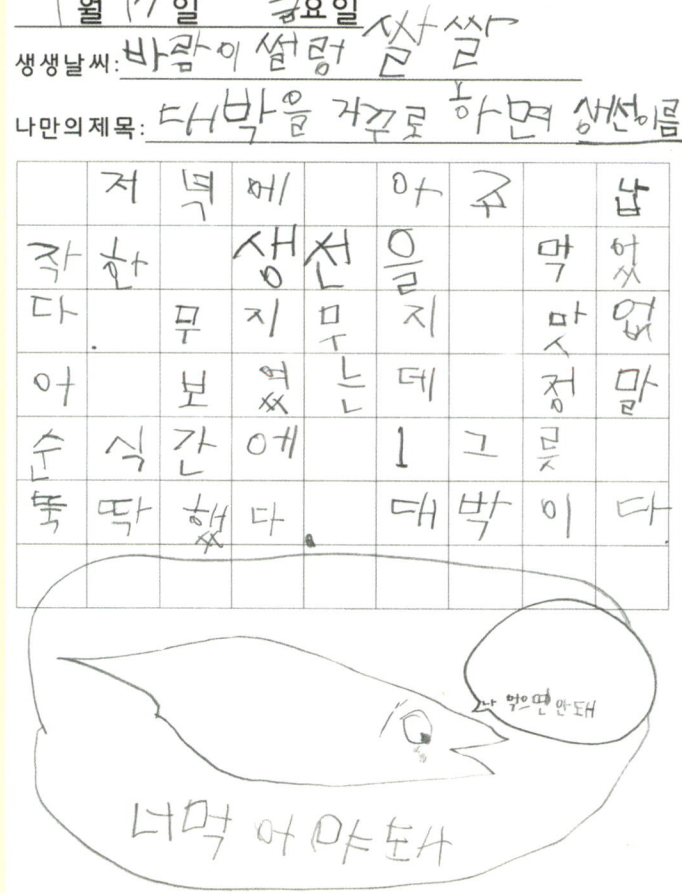

★TIP

1. 까다로운 아이들도 맛있게 먹을 수 있도록 반찬을 준비할 때 재미 요소를 넣어 보세요.
2. 원래 먹던 반찬이지만 반찬의 이름을 조금 색다르게 붙여 보는 것도 좋아요.
3. 기존의 요리법 말고 색다른 방법으로 요리해 주세요. 이때는 음식 재료의 모습을 아주 완벽히 바꿔서 못 알아보게 요리해야 효과가 있답니다.

070일차 | 노는 게 제일 좋아!

생각 톡톡 질문

1. 가장 좋아하는 놀이는?
2. 어떤 놀이를 할 때가 가장 즐겁니?
3. '즐거움'이라는 감정 안에는 어떤 감정이 숨어 있을까?
   예) 행복함 / 흐뭇함 / 신남 / 유쾌함 / 설렘 등

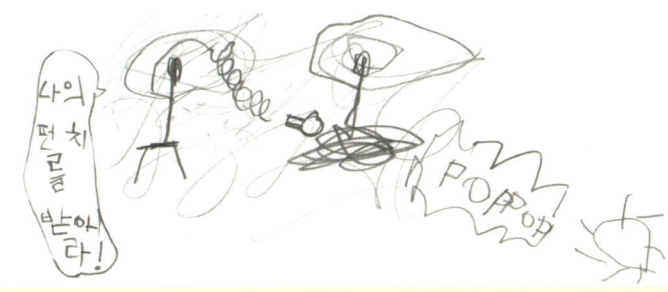

1월 18일 토요일
생생날씨: 해님 으슬으슬 바람 찰싹찰싹
나만의 제목: 아빠는 나의 친구

구름이 노을 미
끄럼틀 탈 때쯤
아빠가 퇴근했다.
아빠랑 무한의 결투
놀이를 했는데 깔
깔깔 신이 나고 깔
팡팡 즐거웠다.

★TIP

① 아이들이 뽀로로를 좋아하는 이유는 노는 게 즐겁기 때문이지요. 재미있게 논 이야기는 일기 쓰기 좋은 글감이에요.

② 누구랑 어디서 무얼 하며 놀든 아이들은 즐겁게 웃고 행복해하지요. 놀면서 세상에 맞서는 방법도 배우니 맘껏 놀 수 있도록 해 주세요.

071일차 | 오늘의 날씨는 어떤 세상?

생각 톡톡 질문
1. 아침인데 왜 어둑어둑할까?
2. 혹시 어떤 친구가 왔을까?
3. 알고 보니 누가 왔니?
4. 오늘의 세상은 어떤 세상인 것 같아?

1월 19일 일요일
생생날씨: 해님 샤워한 날
나만의제목: 비님이 촉촉세상

아침에 일어나니 어둑어둑했다. 귀신이 온 것 같았는데 비님이였다. 온 세상이 촉촉세상이 되었다.

 ★TIP

1. 아침부터 유난히 어둑어둑한 날이 있어요. 이때 그냥 "비가 오려나 보다." 하지 말고 "해님이 늦잠을 자나?"처럼 의인법으로 이야기해 주세요. 그 말에 따라오는 아이들의 대답은 상상을 초월한답니다.
2. 날씨 관찰 하나로도 멋진 일기가 완성될 수 있어요.
3. 날씨 생각 주머니가 커지면 일기 쓸 때 날씨도 더 생동감 있게 쓰고, 비유법 활용도 훨씬 잘하게 되고, 관찰력도 무척 좋아져요.

072 일차 | 보상은 꼭 필요해!

생각 톡톡 질문

1. 일기 다 쓰면 어떤 선물을 받고 싶어?
2. 왜 그 선물이 받고 싶니?
3. 선물을 받는다고 생각하니 어때?
4. 받기로 한 선물을 받지 못하게 된다면 어떤 기분일까?

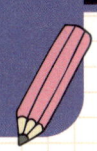

1월 20일 월요일 오들오늘
생생날씨: 해님이
나만의제목: 강승규 화이팅!!

일기 100개를 쓰면 아빠가 금메달을 주신다고 했다. 1000개 가즈아~

★TIP

① 꾸준히 무언가를 한다는 것은 정말 쉽지 않은 일이에요. 그러니 힘을 낼 수 있도록 보상을 준비해 주세요.

② 선물도 좋고, 스티커 붙이기도 좋고, 치킨도 좋고, 놀이동산도 좋아요. 단, 약속했다면 꼭 지켜야 해요. 그래야 끝까지 완주할 수 있어요.

073일차 | 엄지 척

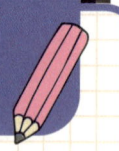

생각 톡톡 질문

1. 참관수업 준비할 때 마음이 어땠어?
2. 준비하면서 힘든 점이 있었니?
3. 준비하면서 재미있었던 사건은 없었니?
4. 엄마(아빠)를 유치원(학교)에서 만나니 어땠어?

1월 21일 화요일
생생날씨: 바람쑥쑥 휘휘
나만의제목: 다음에도 와줘 엄마

오	늘		엉	어	참	관
수	업	에	엄	마	가	오
셨	다	.	나	는	멋	진
모	습	을		보	여	주	고
싶	어	서		노	력	했	다
엄	마	는		나	를		보	고
엄	지	를		내	밀	었	다

 ★TIP

1. 유치원(학교)에 엄마가 오면 아이들은 무척 좋아하지요. 그 설레는 마음을 담아서 일기를 써 보세요.
2. 유치원(학교)에서 엄마와 함께 했던 시간에 대해 충분히 대화를 나누세요. 아쉬운 점은 덮어 두고 칭찬부터 해 주세요.
3. 참관수업을 준비하면서 어땠는지 물어보고, 엄마의 소감도 아낌없이 이야기해 주세요.

074 일차 | '맛있다.', '맛없다.' 말고 뭐라고 하지?

생각 톡톡 질문

1. 오늘 먹은 간식의 맛은 어땠어?
2. '맛있다.' 말고 다른 말로 표현해 본다면?
3. '맛없다.' 말고 다른 말로 표현해 본다면?
4. 맛없는(맛있는) 음식을 먹었을 때 네 위는 무슨 생각을 할까?

1월 22일 수요일
생생날씨: 바람이 쉭쉭 해님이 덜덜
나만의 제목: 2개의 지구

유치원이 끝나고
비틀즈 샤워를 사먹
었다. 저 세상 신맛
이었다. 너무 셔서
지고 저 세상으로
이동할 뻔 했다.
지구가 2갠가?

TIP

1. '맛있다.', '맛없다.' 말고 다양하게 맛을 표현하게 하려면 엄마, 아빠가 먼저 다양하게 표현해 주세요.
2. 새로운 음식을 맛볼 때는 어떤 맛인지 자세하게 설명해 주세요.
   예) 이 맛은 싱겁다고 해. / 이 맛은 짭조름하다고 해.
3. '맛있다', '맛없다'라는 표현에는 다양한 맛이 숨어 있다는 것을 알려 주세요.

075일차 | 생일이 주는 기쁨

생각 톡톡 질문

1. 내일이 생일이라면 기분이 어때?
2. 생일에 어떤 선물을 받고 싶어?
3. 엄마(아빠) 생일에 어떤 선물을 하고 싶어?
4. 왜 그 선물을 하고 싶니?

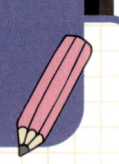

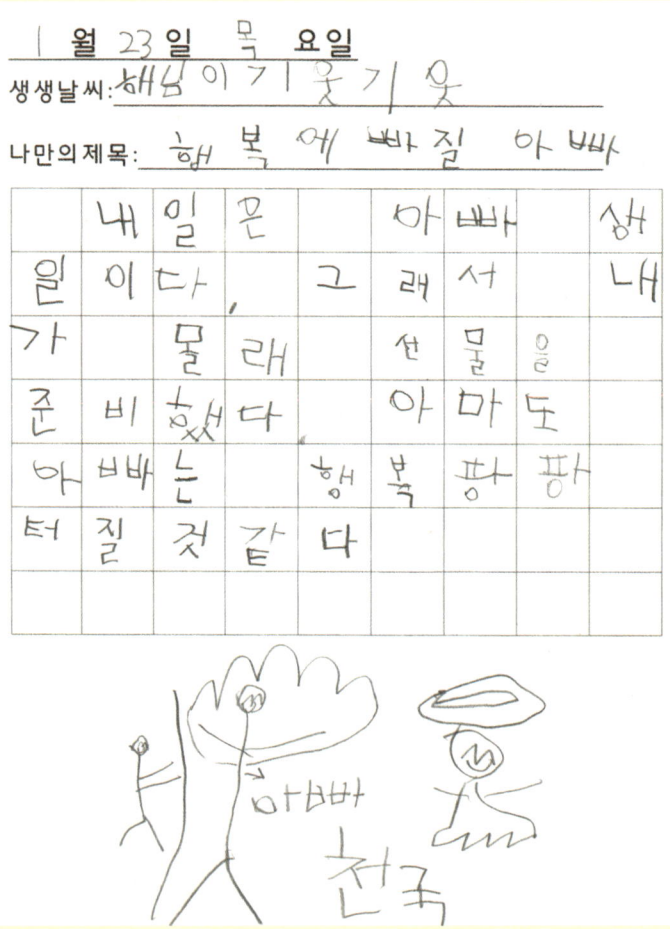

 ★TIP

① 내 생일은 말할 것도 없지만 가족 중 누구 생일이라도 아이들은 신나지요. 마음껏 생일을 준비하게 하고 그 즐거움을 일기에 쓸 수 있게 도와주세요.

② 몰래 선물도 준비하고 깜짝 이벤트도 준비하게 해 주세요. 아이들은 비밀스럽게 하는 걸 무척 좋아하니까요.

076일차 | 게임(놀이)의 힘

생각 톡톡 질문
1. 네가 요즘 즐겨하는 게임(놀이)은 뭐야?
2. 왜 그 게임(놀이)이 재미있어?
3. 그 게임(놀이)은 너에게 무엇을 주니?
4. 게임(놀이)을 왜 적당히 해야 할까?

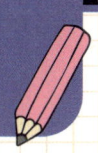

1월 24일 금요일
생생날씨: 스멀스멀 미세먼지
나만의제목: 게임 세상에 살고싶다

게임은 누가 만들었을까? 너어어어어어무 재미있다. 엄마 아빠는 적당히 하라고 하는데 적당히가 안 된다. 으악

으악게임

★TIP

1. 요즘 관심사에 대한 일기를 쓸 때 게임은 정말 신나는 주제가 될 수 있어요.
2. 보드 게임, 휴대전화 게임, 인터넷 게임 등 다양한 게임이 있지요. 아이가 특히 좋아하는 게임이 무엇인지 알아보세요.
3. 게임에 흥미가 없는 아이라면 요즘 좋아하는 놀이는 무엇인지에 대해 써도 좋아요.

077일차 | 도전은 언제나 멋져!

생각 톡톡 질문

1. 새로운 것을 도전해 보는 느낌이 어땠니?
2. 도전에 대해서 어떻게 생각하니?
3. 도전할 때 꼭 필요한 것은 무엇일까?
   예) 포기를 모르는 마음 / 실수도 용서하는 마음 등

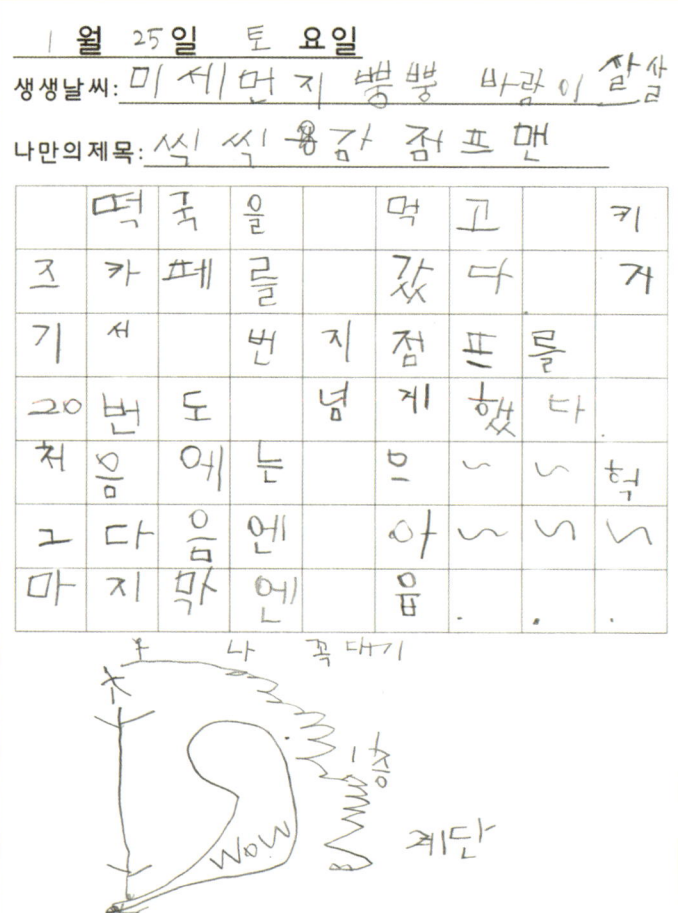

 **TIP**

1. 아이가 이제까지 하지 못했던 것에 도전했다면 성공과 실패에 상관없이 칭찬과 격려를 많이 해 주세요.
2. 엄마, 아빠의 칭찬과 격려는 아이가 다시 한 번 도전할 수 있는 큰 용기를 주어요.
3. 그 도전이 얼마나 멋졌는지 이야기해 주고 일기로 쓸 수 있도록 도와주세요.

078일차 | 이가 없다면 잇몸으로!

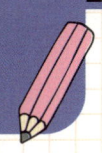

생각 톡톡 질문

1. 새로운 일기장에 일기를 쓰는 기분은 어때?
2. 처음으로 동생을 보니 어때?
3. 동생을 보니 뭐가 떠올라?
4. 동생은 무얼 닮았어?

1월 26일 일요일
생생날씨: 해님은 방긋방긋 바람은 심술쟁이 구름은 빙빙후루룩
나만의 제목: 지후는 작은 아기별☆

치	키	치	키		붕	붕		차	를
타	고		지	후	를		만	나	러		왔
다	.		지	후	는		1	살	이	고		내
사	촌	동	생	이	다		얼	굴	은	
내		손	바	닥	만	하	고		발	은
내		코	만	하	다		작	은	아	기	별
같|다|							

★TIP

① 만약 외출했는데 집에 늦게 도착해서 일기를 쓸 수 없는 상황이라면 아이에게 양해를 구하고 조금은 특별해 보이게 일기장을 새로 만들어 주세요.

② 하지만 아이가 도저히 급히 만든 일기장에 일기를 쓰고 싶어 하지 않는다면 강요하지는 마세요.

③ 친척집 어른들도 일기 쓰는 것을 대견스러워해 준다면 어깨를 으쓱이며 일기를 쓰게 될 거예요.

④ 방문한 집에 처음 만나는 친구가 있다면 글감이 많아져서 어렵지 않게 일기를 쓸 수 있어요.

079 일차 | 수상한 기분

생각 톡톡 질문

1. 이가 어떻게 흔들리니?
2. 이가 흔들리니까 기분이 어때?
3. 이가 빠지면 어떤 느낌일까?
4. 앞니가 빠진 네 모습을 그려 볼까?

1월 27일 월요일
생생날씨: 비가 보슬보슬
나만의 제목: 알쏭달쏭 내기분

얼마 전부터 보드로 나의 앞니가 아주 아주 미세하게 흔들린다. 기분이 신기하기도 했고, 이상하기도 해고, 무섭기도 하다.

 ★TIP

1. 아이들에게 처음으로 이가 빠지는 것은 정말 특별한 일이지요. 이런 특별한 일뿐만 아니라 그 일이 일어나기 전과 후의 상황도 일기로 쓸 수 있도록 해 주세요.
2. 이가 흔들리는 느낌도 자세히 물어보고, 기분도 자세히 물어봐 주세요.
3. 이가 빠지면 어떤 모습일지 상상해 보고 그림을 그리는 것도 재미있어요.

080일차 | 포기하지 마!

생각 톡톡 질문

1. 처음으로 수학 공부를 해 보니 어때?
2. 처음으로 수학 선생님을 만나니 어때?
3. 수학은 어떤 것 같아?
4. '수학 공부' 하면 뭐가 떠올라?

1월 28일 화요일
생생날씨: 어쩐지 붕붕 날아간 날
나만의 제목: 수학은 호호호

저녁을 먹으니 집에 수학선생님이 오셨다. 더하기 빼기 문제를 풀었는데 신나고 그런데 내가 앞으로 틀렸다. 전등처럼 번쩍 신을 차리고 해야지

 **TIP**

① 아이들이 무언가 처음 도전하고 시작할 때는 잘하든 못하든 포기하지 않도록 적극적으로 응원해 주세요.

② 수학 공부를 처음으로 시작했다면 자신감을 가지고 포기하지 않고 즐겁게 할 수 있도록 응원과 칭찬과 격려를 해 주세요.

③ 일기로 남겨 놓으면 시간이 지난 뒤에 이 일기를 보고 다시금 용기를 얻을 수도 있어요.

081일차 | 어쩌다 자유시간

생각 톡톡 질문
1. 갑자기 유치원(학교)을 안 가니 기분이 어때?
2. 갑자기 유치원(학교)을 안 가니 무엇을 얻은 기분이니?
3. 자유를 얻으니 무엇을 하고 싶니?
4. 갑자기 자유시간이 주어지면 가장 하고 싶은 것은?

1월 29일 수요일
생생날씨: 히히 해님 헤헤 바람
나만의 제목: 강승규는 프리덤 Freedom

무시무시 우한 페렴 때문에 유치원에 안 갔다 그래서 오랜만에 자유를 느꼈다

★TIP

① 갑자기 유치원(학교)에 가지 않게 되면 뭔가 특별한 휴가를 얻은 느낌이 들 거예요. 그러니 이 멋진 글감을 놓치지 마세요.
② 갑자기 유치원(학교)에 안 가서 어떤 느낌인지 함께 대화하면서 일기를 쓸 수 있도록 도와주세요.
③ 일기를 지도해 주는 사람과 즐거운 대화가 오고 가면 기분 좋게 쓸 수 있어요.

082일차 | 나만의 이름 짓기

생각 톡톡 질문

1. 네 장난감에게 특별한 능력이 있다면?
2. 네 인형에게 특별한 능력이 있다면?
3. 장난감이나 인형에게 새로운 이름을 지어 준다면?
4. 네가 가장 아끼는 장남감은? 그 이유는?

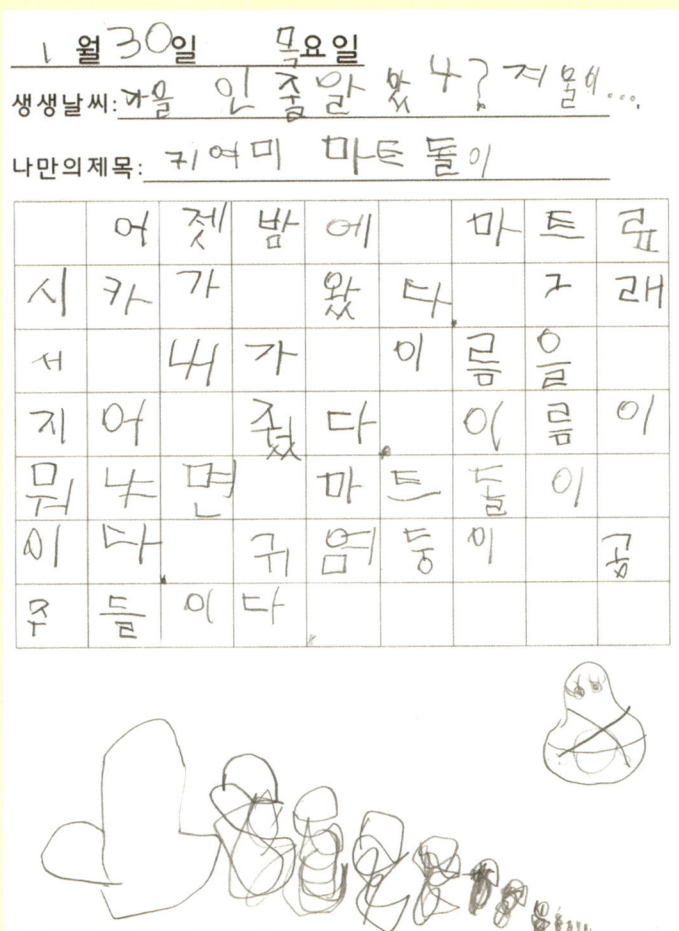

1월 30일 목요일
생생날씨: 가을 인줄알았나? 저봐...
나만의 제목: 귀여미 마트돌이

어젯밤에 마트로 시카가 왔다. 그래서 내가 이름을 지어줬다 이름이 뭐냐면 마트돌이다 귀염둥이 공주들이다.

★TIP

1. 아이들에게 인형을 사 주면 인형 이름을 지어 주듯이, 일기에 등장하는 친구들에게도 이름을 지어 주세요.
2. 별명을 지을 때 쉬운 방법은 ○○쟁이, ○○왕, ○○공주, ○○왕자, ○○돌이처럼 짓는 것이에요.
3. 새로운 이름이나 별명으로 제목을 달면 그럴싸한 일기가 완성돼요.

083 일차 | 마음에 꽃이 피었습니다.

생각 톡톡 질문
1. 오늘의 기분은 어때?
2. 오늘의 기분은 네 몸을 어떻게 했어?
3. 오늘은 마음에 어떤 꽃이 몇 송이나 피었니?
4. 마음에 핀 꽃의 이름을 지어 준다면?

1월 31일 금요일
생생날씨: 바람은 몰라몰라 몰라쟁이
나만의제목: 행복의 띠 슬픔

	지	금		나	는		노	랭
이	다	.		내	가		노	란	띠
를		땄	기		때	문	이	다
그	래	서		마	음	속	엔
멋	진		노	란		꽃	이
50	0	송	이		피	었	다	.

★TIP

① 아이들이 다양한 생각을 하면 좋겠다고 생각한다면 조금 다르게 질문해 주세요.
② 아이의 생각 주머니는 엄마의 질문에 달렸어요. 질문 하나로 아이의 대답은 완전히 바뀌어요.
③ "지금 마음속에 어떤 꽃이 핀 기분이야?", "지금 마음속에 꽃이 몇 송이나 핀 기분이야?" 식으로 질문을 바꾸어 보세요. 해답은 질문에 있답니다.

084 일차 | 동요를 동시로!

생각 톡톡 질문

1. 좋아하는 동요는 뭐야?
2. 가사에 오늘의 기분을 넣어 볼까?
3. 가사에 오늘의 주인공을 넣어 볼까?
4. 가사 주인공을 떠올리면서 흉내 내는 말을 넣어 볼까?

2월 1일 토요일
생생날씨: 미세먼지가 뭉글뭉글
나만의 제목: 대추맨

지은이 강△교

떴	다	떴	다		근	육	맨
맛	있	는		근	육	맨	
쫄	깃	쫄	깃		아	삭	삭
힘	이		솟	는	다	.	

 ★TIP

① 가장 쉬운 동시 짓기 방법은 동요의 가사를 바꾸는 것이에요. 아이들이 잘 아는 동요 가사를 지금 아이의 상황이나 감정을 넣어서 개사한다고 생각하면 돼요.
② 노래를 정하고 가사에 맞게 단어를 정리해서 블록을 끼워 맞추는 것처럼 단어를 바꾸어 보세요.
③ 원래 동요 가사가 동시를 살려 줄 수 있다면 일부분을 사용해도 좋아요.

085일차 | 좋아하는 음식, 싫어하는 음식

생각톡톡질문

1. 너는 세상에서 어떤 음식이 제일 맛있니(맛없니)?
2. 왜 맛있고, 왜 맛없어?
3. 다른 사람들이 네가 맛있어 하는 음식을 맛없다고 하면 어때?
4. 다른 사람들이 네가 맛없어 하는 음식을 맛있게 먹으면 어때?

2월 2일 일요일

생생날씨: 미세먼지뭉글 미세먼저팍팍팍팍

나만의 제목: 우웩싫어 아빠 오이

아빠는 오이를
우웩 한다 하지만
나는 오이가 첫상
의 맛이다 수박 맛
도 나고 시큼상콤하
고 아삭아삭 신남
맛도 난다

(그림: 우웩 / 아빠 오이먹어)

 ★TIP

① 아이가 좋아하는 음식을 다른 사람은 싫어할 수 있고, 아이가 싫어하는 음식을 다른 사람은 엄청나게 좋아할 수 있다는 것을 가르쳐 주세요.

② 아이들은 좋아하는 것이 다를 수 있다는 것을 매우 신기해해요. "아니, 이 맛있는 걸 왜 안 먹어?", "아니, 그걸 어떻게 먹어?"라고 말하기도 해요. 서로 다른 맛을 느끼고 다른 감정을 느낀다는 것을 알고 상대방을 이해는 방법을 배울 수 있어요.

086일차 | 가슴 얼얼한 사랑 편지

생각 톡톡 질문

1. 좋아하던 친구가 전학을 가니 마음이 어때?
2. 마음이 허전하고 얼얼할 때는 무얼 하면 좋을까?
3. 그 친구에게 전하고 싶은 말이 있다면?
4. 네가 생각하는 사랑이란?

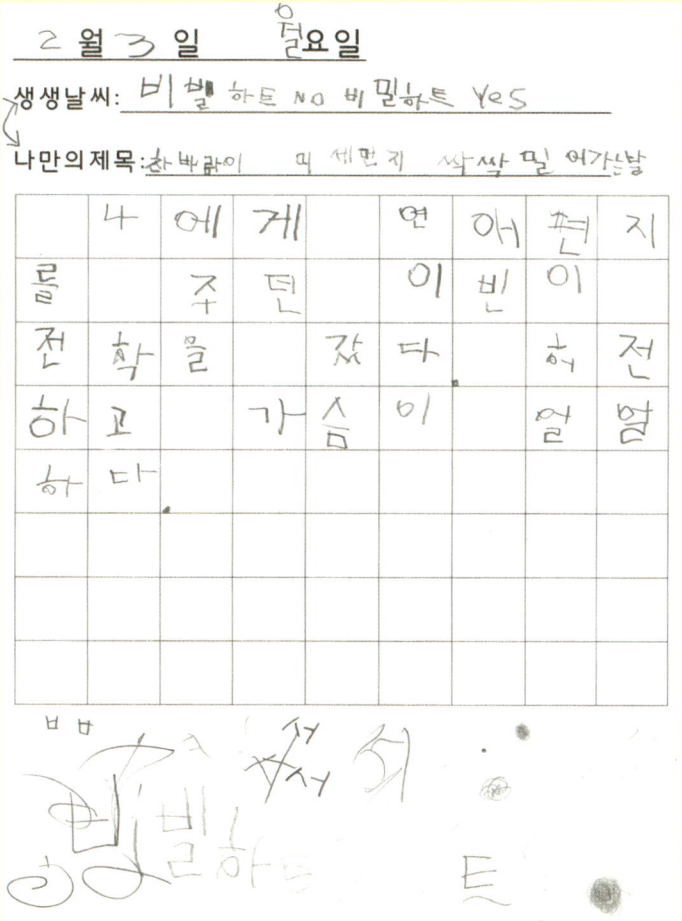

 ★TIP

① 친구에게 카드나 편지를 받으면 기분이 아주 좋지요. 그 행복감을 일기에 표현하게 해 보세요.
② 편지를 준 친구가 이사를 간다면 마음이 어떨까요? 그 마음을 다독여 주며 글로 쓰게 도와주세요.
③ 슬픈 마음에는 여러 감정이 있다는 것을 알려 주세요. 친구와 미래의 만남을 기대하며 편지를 써 보세요.

087 일차 | 재미 폭탄

생각 톡톡 질문

1. 태권도를 다녀오면 발에서 어떤 냄새가 나니?
2. 그 냄새는 엄마(아빠)를 어떻게 만드니?
3. 너는 그 냄새를 맡으면 어때?
4. 더럽지만 웃길 때는 무슨 폭탄이라고 할까?

2월 4일 화요일
생생날씨: 눈도 아니고 비도아니여
나만의제목: 꼬랑내 발

	태	권	도		갔	다	오
면		발	에	서		꼬	랑	내
가	난	다	.	엄	마	아	빠	는
기	절	한	다	.	나	는		휘
청	휘	청		기	절	한	다	.
더	럽	지	만		웃	기	고	
재	미	폭	탄	이	다	.		

 ★TIP

① 아이들은 별거 아닌 일로도 빵빵 터지곤 하지요. 양말을 벗다가 심한 고린내를 맡게 된다면 그 웃음은 몇 배로 늘어날 거예요. 이런 소소한 일상에서 소재를 찾아보세요.
② 일상생활에서 일어나는 평범한 일을 조금만 다르게 바라보면 특별하게 만들 수 있어요.
③ 소소한 일상을 특별한 일로 만들기 위해서는 약간의 연기력이 필요해요. 가족들이 다 같이 연기를 하며 아이가 그 무대로 들어올 수 있도록 이끌어 주세요.

088일차 | 별명쟁이

생각 톡톡 질문

1. 누나(언니, 오빠, 형, 동생)의 특별한 능력은?
2. 누나(언니, 오빠, 형, 동생)의 별명을 지어 준다면?
3. 너의 특별한 능력은?
4. 너의 별명을 지어 본다면?

2월 5일 수요일
생생날씨: 눈님이 살살 바람이 찰찰
나만의 제목: 가족쟁이

우리 가족은 쟁이 가족이다. 아빠는 뚝딱쟁이, 엄마는 속닥쟁이, 나는 ~~ 개구쟁이이다.

 ★TIP

① 일기 쓸 거리가 없을 때는 가족 관찰 일기를 써 보세요.
② 가족을 관찰하면서 서로의 특징이 무엇인지 구체적으로 파악하게 해 주세요.
③ 가족을 관찰할 때는 잘하는 것을 먼저 생각하고 그에 따른 별명을 생각해 보게 해 주세요.

089일차 | 사물 관찰의 힘

생각 톡톡 질문

1. 친구는 지금 무얼 하고 있니?
2. 친구는 지금 무슨 생각을 하고 있을까?
3. 친구에게 필요한 것은 무엇일까?
4. 친구에게 어떤 도움을 줄 수 있을까?

2월 6일 목요일
생생날씨: 구름이 우한 폐렴 잡으러 온날
나만의제목: 마라토너

	우	리	집		거	실	에	는
달	리	기		선	수		3	명
이		있	다		쉬	지	않	고
계	ㄴ	ㄴ	ㄴ	속		달	린	다
다	리	가		얼	마	나		아
플	까	?						

10시 26분 10초

 **★TIP**

① 인물 관찰을 해 보았다면 사물 관찰도 시도해 보세요. 사물 관찰 일기의 가장 쉬운 방법은 사물이 살아 있다고 생각하고 관찰하는 것이에요.

② "냉장고는 무얼 하고 있을까?", "소파는 무슨 생각을 하고 있을까?", "거울은 누구를 보고 있을까?"처럼 의인법으로 생각할 수 있도록 질문해 보세요.

090일차 | 있다가 없다가!

생각 톡톡 질문

1. 너는 어떤 계절이 좋니? 왜 그 계절이 좋니?
2. 겨울(봄, 여름, 가을)은 너에게 어떤 계절이야?
3. 겨울(봄, 여름, 가을)의 재미를 찾아본다면 무엇이 있을까?
4. 겨울(봄, 여름, 가을)의 재미를 없애는 범인은 누굴까?

2월 7일 금요일

생생날씨: 스케이트장이 녹아버린 날

나만의 제목: 범인은 바로 해님

며칠 전에 유치원 앞에 스케이트장이 생겼다. 그래서 신나고 재미가 100프로 였다. 그런데!! 오늘!! 사라졌다ㅠㅠ 아무리 찾아봐도 없다.

★TIP

1. 날씨 변화에 따른 감정의 변화를 일기로 쓸 수 있도록 도와주세요.
2. 제목에 결정적인 이유나 정답을 쓰는 것도 재미있는 제목 쓰기의 방법이에요.

091 일차 | 오늘의 구름은?

생각 톡톡 질문

1. 오늘의 구름은 어떤 모양이야?
2. 오늘의 구름은 누가 그렸을까?
3. 오늘의 구름은 무얼 하고 있을까?
4. 구름에게 별명을 지어 준다면?

2월 8일 토요일
생생날씨: 구름이 궁중궁중궁
나만의 제목: 부~~~~~~웅 구름

제	주	초		가	는		비
행	기		안	에	서		구름
을	봤	다		큰		도	한	지
에		화	가	가		그	린	것
같	았	다		놀	랍	고		마
음	이		맑	아	지		는
낌	이	었	다				

비행기

★TIP

① 구름은 변신의 귀재예요. 구름을 관찰하며 다양한 이야기를 나누어 보세요.
② 변신하는 구름을 관찰하며 생각을 확장할 수 있도록 비유법 질문을 해 보세요.
예) 구름이 어때? → 구름은 누가 그렸을까?

092일차 | 줄넘기는 끈기

생각 톡톡 질문
1. 줄넘기가 잘 안 될 때 기분이 어땠니?
2. 줄넘기를 잘하려면 어떤 마음가짐이 필요할까?
3. 줄넘기가 조금씩 잘 될 때 기분이 어땠니?
4. 목표했던 만큼 줄넘기를 했을 때 기분이 어땠어?

2월 9일 월요일
생생날씨: 구름이 흐리흐리
나만의제목: 줄넘기만승규

어제만해도 줄넘기를 1개도 못했다. 그래서 집중모드로 연습했다. 그리고 오늘 50개를 넘었다. 통쾌함이 발끝부터 머리끝까지 차올랐다.

★TIP

① 아이들이 줄넘기를 하다가 고비가 왔을 때 포기하지 않고 성공을 맛볼 수 있도록 응원해 주세요.
② 아이가 성공한다면 칭찬을 많이 해 주세요. 칭찬은 자신감을 듬뿍 줄 뿐만 아니라 아이가 기록하고 싶은 생각이 들게 해 주어요.
③ 상을 받거나, 시험에서 100점을 맞거나, 끈기 있게 노력해서 성공하는 일이 생긴다면 그 일을 글로 남길 수 있게 해 주세요.

093일차 | 내 몸이 하는 말

생각 톡톡 질문

1. 몸이 어제와 다른 점이 있니?
2. 어떤 곳이 어떻게 다른 것 같아?
3. 몸이 너에게 무슨 말을 하는 것 같니?
4. 몸에게 해 주고 싶은 말이 있다면?

2월 10일 월요일
생생날씨: 미세먼지 푸쉬쉬푸쉬쉬
나만의 제목: 내 다리 돌려줘.

아침에 일어났는데 설 수 ~~~~가 없었다. 다리가 내 말을 듣지 않고 자기 마음대로 후들후들 마구마구 조종했다.

줄넘기녀 으악

 ★TIP

① 열심히 운동한 다음 날이나, 열심히 논 다음 날은 다리가 후들거리기도 하고, 어딘가 아픈 것 같기도 하지요. 그 느낌을 일기로 쓸 수 있게 도와주세요.

② 몸이 어떻게 움직이는지 느껴 보고 글로 표현해 보라고 해 주세요.

094 일차 | 그림으로 감정 더하기

생각 톡톡 질문

1. 네가 점심을 먹을 때 해님(구름, 바람)은 무얼 하고 있을까?
2. 어떤 반찬이 나오면 행복하니?
3. 김치는 무슨 맛이니?
4. 김치는 너를 어떻게 해 주니?

2월 11일 화요일
생생날씨: 해님이 빙글빙글 발레하는날
나만의 제목: 용 된 날

해	님	이		하	늘	놀
이	터	에	서	신	나	게
놀	때	쯤		점	심	밥	을
먹	었	다		김	치	가	나
왔	는	데		한	방	에	다
먹	어	버	렸	다.		입	에	서
세	상	!		제	일		뜨	거
운		불	이	나	왔	다.

★TIP

① 일기를 쓸 때 글로 다 표현하지 못하는 것을 그림으로 표현할 수 있어요. 글로 표현하기 힘들어하면 그림을 그려서 부족한 것을 채울 수 있도록 해 주세요.

② 색칠이 되어 있는 그림은 마음 표현에 힘을 실어 주니 색칠을 하도록 해 주세요.

095일차 | 감정 늘리기

 생각 톡톡 질문

1. 갖고 싶은 물건을 기다리는 마음은 어떠니?
2. 물건이 도착해서 상자를 뜯을 때 마음은 어떠니?
3. '떨렸다.', '궁금했다.'는 감정 안에는 어떤 감정이 숨어 있을까?
4. 가슴이 뛸 때는 어떤 흉내 내는 말이 어울릴까?

2월 12일 수요일
생생날씨: 하늘에서 스프레이 뿌린 날
나만의 제목: 속이 궁금한 과자

드디어 오늘 택배가 왔다 기다리던 초콜릿 쿠키다 과연 어떤 어떤 쪽지가 나올지 가슴이 벌렁벌렁 뛰었다

★ TIP

① 아이들은 일기를 길게 쓰는 것을 힘들어하지요. 이럴 때는 감정을 늘려서 표현하면 길게 쓸 수 있어요.
② 감정을 늘릴 때는 흉내 내는 말을 넣거나, 몸의 변화를 관찰해서 쓰면 돼요. 흉내 내는 말을 넣어서 늘린다면 '떨렸다.→두근두근 떨렸다.', 몸의 변화를 사용하여 늘린다면 '떨렸다.→가슴이 두근두근 뛰고 발이 동동거렸다.'로 표현할 수 있어요.

096일차 | 관찰로 친구 만들기

생각 톡톡 질문
1. 네 방에는 어떤 친구들이 있니?
2. 친구들은 왜 네 방에 있을까?
3. 친구들에게 특별한 능력이 있다면?
4. 친구들의 별명을 지어 준다면?

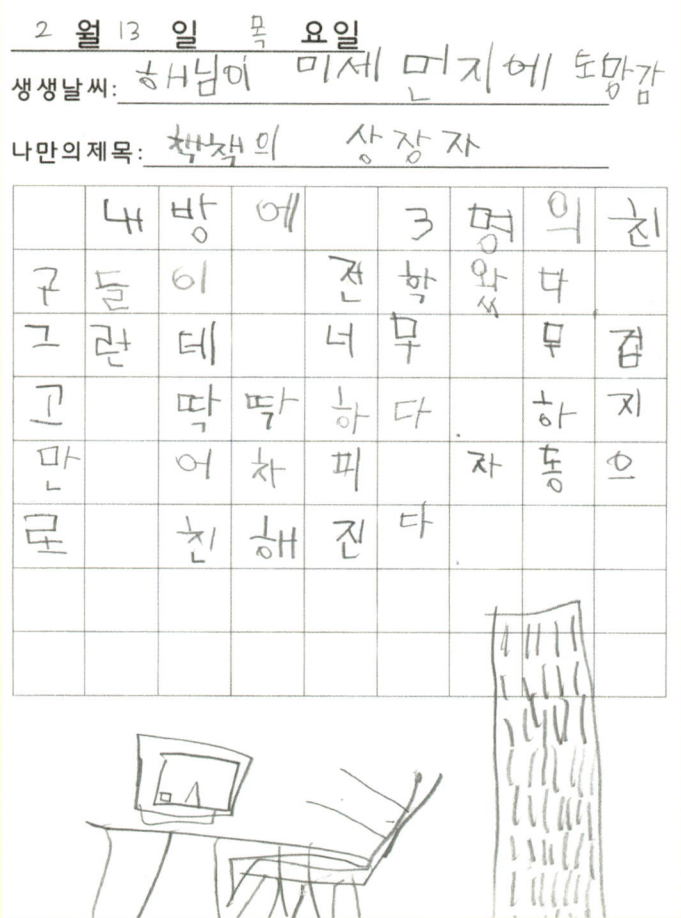

★TIP

① 아이들은 궁금한 것이 무척 많아요. 아이들의 호기심을 즐겁게 해결할 수 있도록 도와주세요.
② 궁금한 것이 있으면 책을 찾아보거나 관련 자료를 찾아보는 것이 좋아요. 또한 함께 관찰하면서 '왜 그럴까?' 하며 이야기를 나누고 엉뚱한 상상을 해 보는 것도 좋아요.
③ 주변에 관심을 가지고 관찰하며 호기심을 갖게 해 주세요.

097 일차 | 날씨 냄새

생각 톡톡 질문
1. 오늘 날씨는 어떤 옷을 입은 것 같니?
2. 오늘 날씨는 어떤 소리가 나는 것 같니?
3. 오늘 날씨의 주인공은 누구니?
4. 오늘 날씨 덕분에 좋은 일이 있었니?

2월 14일 금요일
생생날씨: 미세먼지가 바글바글
나만의 제목: 봄냄새는 꽃냄새

하원하고 집으로 출랑출랑 오는데 갑자기 봄이 오는 것 같았다 냄새가 났기 때문이다 그래서 기분이 꽃같다

 ★TIP

① 매일매일 날씨는 다른 옷을 입지요. 날씨를 몸으로, 눈으로, 귀로, 코로 느끼게 해 주세요.
② 특히 계절이 바뀔 때는 색다른 날씨의 모습을 느낄 수 있으니 변신하는 날씨를 놓치지 마세요.

098 일차 | 신기한 맛, 놀라운 맛

생각 톡톡 질문

1. 오늘 먹어 본 음식은 어떤 맛이야?
2. 오늘 먹어 본 음식은 어떤 느낌의 맛이야?
3. 오늘 먹어 본 음식은 무엇으로 만들었을까?
4. 이 음식에 새로운 이름을 붙여 준다면?

2월 15일 토요일
생생날씨: 일요일 같은 날씨
나만의 제목: 신기신기 치약맛

해	님	이		부	끄	럼	쟁
이		얼	굴	로		변	할
때	쯤		아	이	스	크	림	을
먹	었	다	.		치	약	맛	이	어
서		깜	짝	놀	랐	다	.	왜
치	약	으	로		만	들	었	을
까	?		치	약	맛		아	이
스	크	림		먹 는		사	람 있 을 까?

치약 🏀 NO
민트~~초코~~

 **★TIP**

① 세상에는 많은 음식이 있어요. 다양한 음식을 맛볼 수 있는 기회를 제공해 주세요.
② 세계 여러 나라의 음식을 먹어 보는 것도 좋고, 새로운 맛을 느껴 볼 수 있는 음식도 좋아요. 새로운 경험은 멋진 감정을 선물하니까요.

099 일차 | 씩씩한 내 마음

생각 톡톡 질문

1. 시험을 본다고 생각하면 기분이 어때?
2. 시험을 볼 때 꼭 필요한 것은 어떤 마음일까?
3. 시험에서 100점을 맞으면 어떨까?
4. 시험에서 0점을 맞으면 어떨까?

2월 16일 일요일
생생날씨: 하늘에서 차가운 하얀 지우개 떨어진 날
나만의 제목: 씩씩한 100점

	해	님	이		사	라	졌	을
때	쯤		친	구		찬	희	랑
받	아	쓰	기		시	험	을	
보	았	다		나	는		100	점
맞	을		자	신	이		있	어
서		씩	씩	한		마	음	이	
사	라	지	지		않	았	다	
그	래	서		100	점	맞	았	다

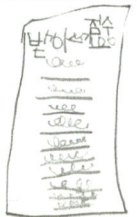

★TIP

① 아이들에게 씩씩한 마음은 언제 필요할까요? 병원에 가서 주사 맞을 때? 치과 가서 이 뽑을 때? 학교에서 발표할 때? 시험을 볼 때도 씩씩한 마음이 필요하지요.

② 아이가 씩씩한 마음을 가질 수 있도록 자존감이 높아지는 이야기를 많이 해 주세요.

③ 씩씩한 마음에 대한 설명도 자세히 해 주세요.
예) 용기를 가지고 두려움을 이겨 내는 마음 / 떨리고 무서워도 잘할 수 있을 거라고 믿는 마음

100일차 | 나는야 마라토너

 **생각 톡톡 질문**

1. 달리기할 때 어떤 기분이야?
2. 오래 달리기하면 몸이 어때?
3. 결승선을 통과하면 어떤 기분일까?
4. 무언가 끝까지 포기하지 않고 했을 때는 어떤 기분이 들까?

2월 17일 월요일
생생날씨: 눈들이 번지점프 하는 날
나만의 제목: 100 바퀴 마라토너

		태	권	도	장	에	서		나
는		마	라	토	너		였	다	
체	육	관	을		쉬	지	않	고	
42	바	퀴	나		힘	껏		달	
렸	다		때	문	이	다		다	
리	가		부	러	질		것		
같	았	지	만		포	기	하	지	
않	았	다		휴	뭇	했	다		

 ★TIP

① 무언가를 100일 동안 꾸준히 하기는 정말로 쉽지 않은 일이에요. 완주하기 위해서는 용기, 끈기, 굳은 의지가 있어야 하지요. 마라톤과 비슷합니다. 아이와 함께 뛰는 사람이 되어 주세요.

② 너무 욕심을 내도 안 되고 너무 힘을 빼도 안 돼요. 유혹도 뿌리쳐야 하고 고통도 참아내야 하지요.

③ 결승선을 통과하면 그동안 느꼈던 어려움은 사라지고 뿌듯함이 가슴을 가득 채울 거예요.

◆ 100일 일기 쓰기 그 후 ◆

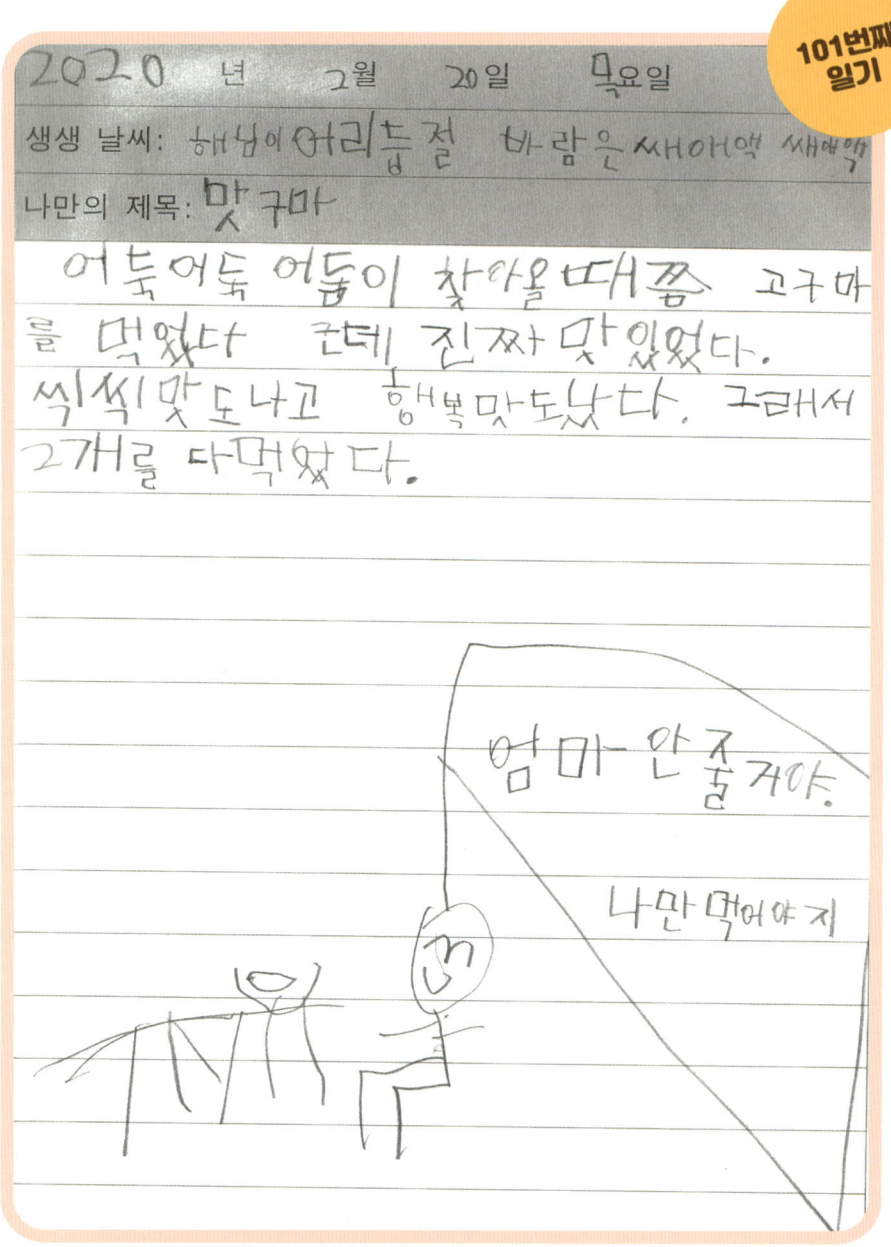

101번째 일기

일기장을 줄공책 일기장으로 바꾸어 주었어요. 가장 쓰고 싶은 주제를 고르라고 했더니 음식 일기를 쓴다고 하네요.

> **103번째 일기**

2020년 2월 25일 화요일
생생 날씨: 비님이 순식간에 우리동네 지나간날
나만의 제목: 할아버지 천천재

차암 이상하다.
할아버지께서는 책을 읽을때
우선 혓바닥을 내민다. 그 다음은
검지 손가락을 혓바닥에 재빠르게
문지른다. 마지막으로 책을 넘긴다.
약간 웃기지만 그래도 책읽는
할아버지가 맛있어 보인다.

그림을 슥슥 막 그리는 것 같았는데 그림의 디테일이 살아 있네요. 일기를 쓸 때 그림은 작게라도 꼭 그리게 하는 것을 추천해요. 날씨는 이제 스스로 관찰하고 생각해서 써요.

> 107번째 일기

2020년 3월 11일 수요일
생생 날씨: 햇살이 뜨끈뜨끈 바람이 솔솔아담당
나만의 제목: 미지시원해

저녁밥으로 장조림버터밥을
먹었다. 목이 말랐다.
아빠가 주신 물을 먹으니
미지시원 했다.
이건 시원한것도 아니고
미지근한 것도 아니다,

아이가 맞춤법을 정확히 쓰고 싶어 해서 쓰기 전에 많이 물어보고 확인해요.
열심히 맞춤법을 알려 주며 일기를 썼어요. 여전히 그림이 매력적이에요.

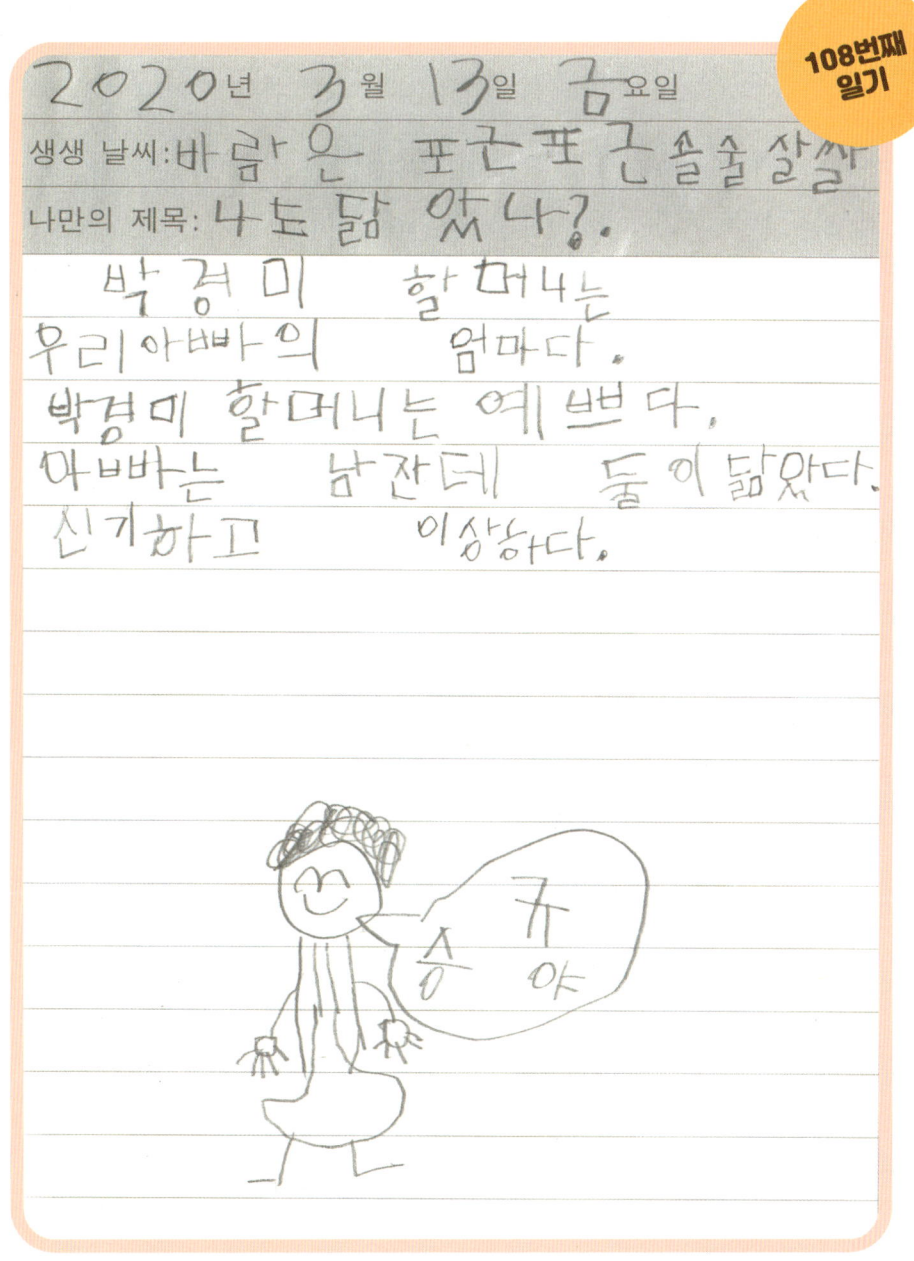

108번째 일기

2020년 3월 13일 금요일
생생 날씨: 바람은 포근포근 솔솔 살살
나만의 제목: 나는 닮았나?

박경미 할머니는
우리아빠의 엄마다.
박경미 할머니는 예쁘다.
아빠는 남잔데 둘이 닮았다.
신기하고 이상하다.

할머니, 할아버지께서 살아계신다면 꼭 할머니, 할아버지를 주인공으로 한 일기 쓰기를 추천해요. 정말 많이 행복해하세요.

109번째 일기

2020년 3월 16일 월요일
생생 날씨: 해님이 반짝반짝
나만의 제목: 김반짝

김옥분 할머니는 엄마의 엄마다. 할머니는 코가 예쁘다. 할머니의 코에서는 반짝반짝 빛이난다. 그래서 할머니의 별명은 "김반짝"이다.

할머니에 대한 일기를 쓸 때는 꼭 "예쁘다."라는 말을 쓰게 하세요. "예쁘다."라는 말을 언제 들어 보셨을까요?

2020년 4월 11일 토요일

생생 날씨: 아직은 벚꽃이 행복한 날

나만의 제목: 책이 맛있군

어제 밤에 「있으려나 서점」이란 책을 읽었다. 그런데 책이 너~~~무 재미있어서 103쪽까지 다 읽어버렸다.
할아버지 할머니께서도 읽으시면 좋겠다.

(음...)

이제는 엄마가 많이 도와주지 않아도 혼자 생각해서 쓰는 부분이 많아졌어요. 노력은 배신하지 않는다는 말을 실감해요.

나오는 말

승규의 100일 일기 쓰기를 마치며….

100일 일기 쓰기를 하는 동안 항상 행복하고 즐겁지만은 않았습니다. 힘들고 귀찮은 순간도 있었고, 괜히 시작했나 하는 후회의 순간도 있었습니다.

하지만 승규의 일기 쓰기를 공유했을 때 많은 사람이 힘이 된다고 말해 주었습니다. 승규의 일기가 하루하루 챙겨 먹는 비타민 같다고요. 계속 승규의 일기를 보고 싶다며 응원도 아끼지 않았어요.

그때 느꼈습니다. 응원이라는 것은 내가 할 수 없다고 생각한 것들을, 불가능하다고 생각했던 것들을 현실이 되도록 해 주는 위대한 큰 힘이라는 것을요.

아이가 무엇을 하든 열심히 응원해 주세요. 아이가 스스로 해낼 수 있도록 곁에서 사랑을 가득 담아 응원해 주세요. 포기하지 않도록 진심으로 응원해 주세요.

그렇게 응원이 모이고 모이면 아이는 그 단단한 응원을 밟고 우뚝 설 거예요. 그 응원은 우리 아이를 밝게 빛나게 해 줄 것이고, 함께 웃을 수 있는 날을 선물해 줄 거예요.

저도 엄마들의 도전을 항상 응원합니다. 위대한 이 세상 모든 엄마들께 이 책을 바칩니다.